ECONOMIA É COISA SÉRIA

Antonio Delfim Netto

ECONOMIA É COISA SÉRIA

Brasil, mercados, política (2000-2018)

ORGANIZAÇÃO E PREFÁCIO
André Mendonça de Barros

Copyright © 2021 by Antonio Delfim Netto

A Portfolio-Penguin é uma divisão da Editora Schwarcz s.a.

PORTFOLIO and the pictorial representation of the javelin thrower are trademarks of Penguin Group (USA) Inc. and are used under license. PENGUIN is a trademark of Penguin Books Limited and is used under license.

Grafia atualizada segundo o Acordo Ortográfico da Língua Portuguesa de 1990, que entrou em vigor no Brasil em 2009.

CAPA Carlos Di Celio
PREPARAÇÃO Diogo Henriques
REVISÃO Clara Diament e Valquíria Della Pozza

Dados Internacionais de Catalogação na Publicação (CIP)
(Câmara Brasileira do Livro, SP, Brasil)

Delfim Netto, Antonio
  Economia é coisa séria : Brasil, mercados, política (2000-2018) /
Antonio Delfim Netto ; organização e prefácio André Mendonça de
Barros — 1ª ed. — São Paulo : Portfolio-Penguin, 2021.

ISBN 978-85-8285-126-5

1. Artigos jornalísticos 2. Economia – Brasil 3. Finanças 4. Política econômica 5. Valor Econômico (Jornal) I. Barros, André Lahoz
Mendonça de. II. Título.

20-49173   CDD-330

Índice para catálogo sistemático:
1. Artigos : Valor Econômico : Economia 330

Cibele Maria Dias — Bibliotecária — CRB-8/9427

[2021]
Todos os direitos desta edição reservados à
EDITORA SCHWARCZ S.A.
Rua Bandeira Paulista, 702, cj. 32
04532-002 — São Paulo — SP
Telefone (11) 3707-3500
www.portfolio-penguin.com.br
atendimentoaoleitor@portfoliopenguin.com.br

SUMÁRIO

Prefácio, por André Mendonça de Barros   9

O ESTADO, O MERCADO E AS URNAS
O Brasil e os papéis do Estado e do setor privado

A busca da igualdade   15
Chega de culpar os outros   18
Para o crescimento   22
Nosso fracasso   25
Dez anos do real   28
O papel do Estado   32
O quase consenso   35
Constituição: política e economia   38
Sejamos lógicos   41
Setor privado e setor público   45
O curto e o longo prazos   48
Estadólatras e estadofóbicos   51
Estado-Indutor   54

Tributação e crescimento   57
Esquizofrenia hiperativa   60
Leviatã, obeso e perplexo   63
Igualdade de oportunidades   66
Protagonismo irrecuperável   69
A Temer o que é de Temer   72
De onde partimos e aonde chegamos   75

A ECONOMIA E SUAS TRIBOS
Uma discussão de teoria econômica

Produto potencial   81
Monetaristas e desenvolvimentistas   84
Desenvolvimento endógeno   87
O progresso da teoria econômica   90
O compromisso fiscal   93
Política econômica   96
Uma crise a cada nove meses   99
Substituição de importação   102
A economia é coisa séria   105
Políticas públicas   108
É o desemprego, tontos!   111
Taxa de câmbio e desenvolvimento   114
Inflação versus desemprego   117
Ortodoxos e heterodoxos   121
De John a John: a importância da economia   124
Inquietação na tribo   127
A esquecida economia de escala   130

O CAPITALISMO E OUTROS "ISMOS"
Sobre o sistema político e econômico

Iguais mas desiguais   135
Os capitalismos   138
É o crédito, companheiro!   141
O capitalismo e as finanças   144
De Belém a Davos   148
Os novos modelos econômicos   151
A tragicomédia da propaganda eleitoral   154
Liberalismo e capitalismo   157
O jogo político e a história   160
Reminiscências de um socialismo infantil...   163

UM OLHAR PARA O MUNDO
Temas internacionais

Brasil e Coreia   169
Lições da Noruega   172
O milagre chinês   176
O euro e a Grécia   180
A China e o mundo   183
A Eurolândia e o mundo   186
Entre a COP-21 e a *Laudato Si*   190
Caiu a ficha   193
Trump e a história americana   196

PREFÁCIO

É LONGA A TRADIÇÃO DO PENSAMENTO que enxerga a liberdade como pilar central de uma experiência humana virtuosa — na verdade, um conceito que correu os milênios e atingiu as várias áreas do debate intelectual. Não resta dúvida, porém, de que os economistas têm um particular apreço por essa ideia. A ciência econômica — e já haveria aí espaço para muita conversa: estamos mesmo falando de uma ciência? — baseia-se amplamente no conceito de um funcionamento livre e natural da atividade econômica. O mercado não seria uma invenção humana, mas uma descoberta. Como primeiro notou Adam Smith, o pai da matéria, a quebra da atividade econômica em pequenos pedaços é a explicação central para a riqueza das nações. No exemplo clássico, um trabalhador solitário poderia produzir vinte alfinetes por dia; numa fábrica, sua produtividade aumentaria para quase 5 mil.

A obra maior de Smith, não por coincidência, foi escrita no mesmo momento em que nascia o fenômeno do crescimento econômico, com o advento do capitalismo e das economias modernas. Mas como saber então quantas pessoas seriam alocadas em cada atividade? Alfinetes, batatas, cerveja, livros de economia? Como quantificar o que produzir de cada item? Como juntar tantas pecinhas num quebra-cabeça que começava a tornar-se mais e mais complexo? O próprio mercado, eis a resposta, se encarregaria de resolver a equação — desde que fosse livre para que o sistema de preços pudesse funcionar. A liberdade seria condição sine qua non de uma economia moderna.

Tem alguma base, portanto, o estereótipo do economista como alguém obcecado pelo livre mercado — e é verdade que há na profissão quem de fato abrace essa obsessão. Felizmente, o debate econômico de alto nível passa muito longe dessa caricatura. O próprio Smith, aliás, foi um pensador muito mais sofisticado do que sua caracterização usual sugere. Há muito temos ciência de que em um sem-número de situações o mercado falha. É aí que o saber econômico faz uma brutal diferença, concebendo modos de atuação para corrigir desvios que, em situações--limite, poderiam postar economias inteiras de joelhos. Colocado de forma simples, a boa teoria econômica é aquela que delineia bem essa fronteira: deixa livre o mercado sempre que possível e atua de forma inteligente e incisiva sempre que necessário. Fácil de falar, mas muito difícil de seguir na prática, apesar de tantos exemplos de boas e más condutas dos gestores ao longo da história.

Os bons teóricos entendem também que o saber técnico é fundamental, mas a economia é sobretudo uma ciência humana. Lidamos com pessoas, e elas frequentemente seguem uma direção contrária à desejada pelo ministro da Economia ou pelo teórico da universidade. Por isso mesmo é preciso lembrar que o saber econômico será sempre secundário ante a política: é esta que dá a última palavra. Economistas completos não apenas detêm o conhecimento, mas buscam também influenciar — positivamente, espera-se — a formação de consensos na sociedade. Pois sabem que é aí que se ganha ou perde o jogo. A história brasileira recente é rica em episódios de consensos que nos livraram de males persistentes. E, também, de outros que nos jogaram no buraco.

Daí a importância do bom debate, com o saudável encontro de visões naquilo que também é um mercado: o de ideias econômicas. Felizmente, o Brasil conta com veículos importantes de informação especializada. E, também felizmente, temos um corpo de especialistas na área com formação e reputação em linha com o que se produz de melhor no mundo. Este livro reúne uma pequena mostra da excelên-

PREFÁCIO

cia nesse front: a coluna semanal de Antonio Delfim Netto no jornal *Valor Econômico*. Mais influente economista brasileiro, ministro que liderou nossa última experiência de crescimento econômico acelerado, Delfim foi convidado a integrar desde o início o time de colaboradores do jornal, pelo inesquecível Celso Pinto, criador do *Valor*; e manteve sua participação sem uma única falta ao longo de dezoito anos, entre 2000 e 2018: a coluna só foi descontinuada quando Delfim completou noventa anos e achou por bem encerrar sua contribuição. Coube a mim o privilégio de selecionar uma amostragem de artigos dos quase mil textos da série. Esse conjunto foi então agrupado, de maneira algo arbitrária, em quatro blocos temáticos: "O Estado, o mercado e as urnas", "A economia e suas tribos", "O capitalismo e outros 'ismos'" e "Um olhar para o mundo". Esperamos que esta organização ajude o leitor a caminhar por assuntos tão díspares quanto a taxa de câmbio de equilíbrio, a ascensão da China, a crise financeira de 2008, o caos tributário do Brasil ou a história das ideias econômicas.

A seleção dá pistas sobre o pensamento de Delfim Netto, lapidado não apenas por décadas de intensa atividade acadêmica na sua querida Faculdade de Economia, Administração e Contabilidade da Universidade de São Paulo (FEA/USP; onde, aliás, também me formei), mas sobretudo por sua atuação na linha de frente da política econômica e como ativo partícipe das discussões econômicas desde então. O mercado é central para o desenvolvimento, afirma Delfim Netto, mas a experiência demonstra que, para funcionar bem, ele precisa operar dentro de certas condições, em instituições políticas que impeçam o acúmulo exagerado de poder em poucas mãos. O mercado normalmente conduz à eficiência produtiva e à liberdade, mas raramente (ou nunca) gera a igualdade. Sociedades virtuosas, como a Alemanha, nominalmente citada como exemplar por Delfim, conseguem de alguma forma equilibrar os dois pratos: eficiência econômica e (alguma) igualdade. Trocando em miúdos, a economia necessita da política — de preferência na forma de uma democracia que permita a correção de rumos de tempos em tempos.

É uma discussão especialmente quente nas décadas cobertas por este livro. A grande crise financeira de 2008, cujos efeitos em alguma medida ainda se fazem sentir, foi produto em larga medida de um mercado operando em meio a falhas grotescas de regulação. A crítica às ideias econômicas que permitiram a desregulamentação dos mercados financeiros foi sempre central na coluna: tanto por seu efeito desastroso sobre a atividade econômica e o emprego quanto pela consequente aceleração das desigualdades em anos recentes. É curioso, aliás, que Delfim tenha virado uma espécie de porta-voz desse ataque ao capitalismo financeiro sem freios — logo ele, por tanto tempo criticado pela esquerda pelo efeito supostamente concentrador de sua atuação pública (com a famosíssima sugestão de que o bolo primeiro deveria crescer para só então ser dividido, frase que Delfim nega ter dito).

Os artigos cobrem um tempo especialmente rico também sob a óptica estritamente brasileira. Há duas fases muito marcantes no período abrangido pelo livro: os anos FHC e os anos Lula/Dilma, com a dicotomia PSDB-PT que marcou a cena política e econômica do país até recentemente (e que tanta saudade tem despertado em muita gente...). A leitura deixa uma sensação curiosa: Delfim parece abrandar sua dura crítica ao PSDB com o passar do tempo, reconhecendo-lhe méritos que talvez não enxergasse a princípio; e fazer o oposto em relação aos anos do PT, suavizando os elogios conferidos na primeira década dos governos petistas. É o que o distanciamento histórico faz: torna possível analisar com menos paixão, e o que sobressai no período é um copo meio cheio, para usar a surrada metáfora. Não há dúvida de que avançamos, e até bastante, a depender de para onde se olhe. Mas também fica a sensação de relativo fracasso, especialmente na tentativa de engatar novamente uma fase de crescimento acelerado — e isso muito antes da pandemia que tanto vai nos custar. Nesse ponto, entra em campo também outra faceta do intelectual com sua bagagem: por mais angústia que isso nos cause, o fato é que a história tem o seu tempo. Podemos — devemos — pressionar em favor de reformas profundas. O Brasil precisa mesmo acelerar o passo. Delfim lembra que o país parou de avançar com consistência há mais de quarenta anos, e temos muito trabalho para recuperar o tempo perdido. Mas, vale repetir, o saber econômico tem um efeito limitado: a palavra final será dada, a cada quatro anos, pelo conjunto dos brasileiros.

André Mendonça de Barros

O ESTADO, O MERCADO E AS URNAS

*O Brasil e os papéis do Estado
e do setor privado*

A busca da igualdade

Publicado em 18 de julho de 2000

VIVENDO NUMA SOCIEDADE MODERNA cada indivíduo tem a percepção de que participa de dois universos separados: o político e o econômico, dos quais ele é a interseção. O universo político é o do governo democrático, que implica: 1) eleições periódicas honestas, com sufrágio universal e partidos competitivos, 2) a existência de uma oposição bem definida, 3) a proteção dos direitos das minorias e 4) a liberdade de associação e de expressão. Nesse universo se realiza a "justiça" na política que é expressa na Constituição, e nele os homens constroem certos valores que definem como pretendem viver na sociedade: liberdade individual, relativa igualdade, atendimento das necessidades básicas de todos e necessário suprimento de certos bens públicos (o próprio mercado e a estabilidade monetária) que permitem a convivência civilizada. É a "justiça" no universo da política que produz o Estado, protege o cidadão e define a base institucional sobre a qual se construirá o universo econômico.

O universo econômico, por outro lado, se organiza, perigosamente, em torno de um só poder: o mercado. Séculos de observação mostram que a interação de um número muito grande de agentes, cada um procurando seus próprios interesses, produz, misteriosa e espontaneamente, uma certa autocoordenação. A esse comportamento organizado que parece emergir da desordem chamamos "mercado", e o que os economistas observaram é que ele depende de condições especiais: 1) uma definição precisa do direito de propriedade, que permita ao indivíduo a apropriação dos benefícios dos seus esforços, 2) liberdade de iniciativa e 3) existência de instituições políticas que, além de estabilidade monetária, garantam o estrito controle das práticas monopolísticas que permanentemente seduzem os agentes econômicos.

É óbvio que essas condições só podem ser estabelecidas no universo da política. A "justiça" do mercado é simples e expressa no valor absoluto: cada um ganha, dentro da lei, rigorosamente o que puder! Cada cidadão é parte, simultaneamente, dos dois universos, mas o universo econômico (o mercado) é definido dentro do universo da política.

Talvez o exemplo mais claro disso sejam as instituições criadas, em 1951, pela chamada economia social de mercado, que foram a base da reconstrução e da prosperidade da Alemanha depois da Segunda Guerra até praticamente 1970. Após a reunificação (1990), o país sofreu uma recessão com inflação, mas manteve as instituições trabalhistas que sempre se negaram a aceitar que o trabalho e o "conhecimento" são uma mercadoria qualquer: um "insumo" igual à energia ou ao capital. Quem olhar de perto a organização do trabalho e sua codeterminação no processo industrial na Alemanha vai enxergar um processo democrático e participativo insuspeitado. Ao contrário de todas as previsões terroristas de esclerose do seu mercado de trabalho, o desemprego na Alemanha começou a diminuir à medida que a economia se expande depois da convergência imposta pelas condições de Maastricht e pelas complicações da unificação.

Pragmaticamente, portanto, para uma sociedade encontrar funcionalidade tem que procurar um "ponto áureo", que equilibra os valores dos dois universos. Essa parece ser a construção constitucional de um Estado de direito, forte o bastante para garantir os direitos individuais, que respeite o trabalho como a atividade natural do homem, que proteja a propriedade privada e a competição, mas também seja capaz de construir uma rede de segurança que atenda às necessidades básicas dos cidadãos menos afortunados.

Mas há um problema. O mercado, quando bem regulado, pode levar à eficiência produtiva e respeitar a liberdade, mas está longe de produzir a relativa igualdade. Ora, gostemos ou não, a igualdade (no sentido mais geral) é uma das aspirações fundamentais da "justiça" política nas sociedades democráticas, como observou Alexis de Tocqueville. A ideia de igualdade é o poderoso demônio que atormenta o homem cada vez que ele tem tempo para o pensamento crítico. Ela é permanente na história: em Aristóteles, trezentos anos antes de Cristo, já encontramos uma longa discussão sobre o tema.

É precisamente a igualdade o valor que mais tem sofrido com o funcionamento desabrido dos mercados, que se realiza sob os auspícios das políticas sugeridas pelos organismos supranacionais como o FMI, o Bird e a OMC. Mais dia, menos dia, para o bem ou para o mal, o processo democrático (isto é, as urnas!) vai corrigir esse esquecimento da história.

Chega de culpar os outros

Publicado em 28 de maio de 2002

DEPOIS DO GRITO ALUCINANTE do "Exportar ou morrer", fica cada vez mais claro que, apesar do brilhante plano de estabilização realizado em seu governo, o presidente Fernando Henrique Cardoso entregará ao sucessor um país em situação precária. Tudo feito entre um terço e metade do que deveria ter sido. Uma análise cuidadosa vai revelar que um erro lamentável de política econômica transformou o Plano Real no mais custoso de quantos se fizeram no mundo, sem lhe dar, sequer, a primazia nos resultados sobre a inflação. Basta comparar com os programas chileno e mexicano.

O custo se medirá na redução do ritmo de crescimento econômico, no aumento do desemprego e no abandono do esforço exportador. Para fazer justiça é preciso dizer que as bobagens com as exportações começaram em 1986 no fracassado Plano Cruzado. Congelou-se a taxa de câmbio e abandonou-se o grande esforço exportador que era o Befiex, quando já tínhamos capturado (em 1984) pelo menos uma indústria produtora de semicondutores (que era o futuro) que se foi para a Ásia. Depois o câmbio foi outra vez congelado em 1990 no governo Collor, ao mesmo tempo que se reduziam as tarifas. Não satisfeitos, repetiram a dose em 1994 com o Plano Real... Com gran-

O ESTADO, O MERCADO E AS URNAS

des tolices e pequena competência, transformamos o dinâmico setor exportador brasileiro no mais arriscado e o menos rentável da economia nacional.

Mas por que essa insistência sobre as exportações? Porque agora é claro que, se apenas tivéssemos mantido a nossa participação de 1984 no comércio mundial, teríamos crescido mais e não estaríamos na armadilha construída pela imensa dívida interna e pelo enorme passivo externo. Essas são as vulnerabilidades que o governo FHC deixará como herança ao seu sucessor. Enquanto não forem desmontadas, impedirão o crescimento e o aumento do emprego.

Frequentemente se ouve que tal crítica é injusta porque 1) a estabilização tem sempre como consequência uma redução do crescimento e 2) ela produz, necessariamente, um aumento da vulnerabilidade externa e um aumento da dívida interna.

Nenhuma dessas proposições encontra base factual. Pelo contrário, quando comparamos o Plano Real com a estabilização chilena ou a mexicana, vemos que esses países cresceram mais do que o Brasil, têm hoje taxa de inflação menor e relações "amortização mais juros/exportação" e "dívida externa/exportação" menores do que as nossas. A diferença básica pode ser encontrada no fracasso de nossas exportações, que entre 1994 e 2001 cresceram à taxa de 4,2% ao ano, enquanto as chilenas e mexicanas cresceram mais de 10%!

Uma justificativa ainda mais cínica do que as anteriores é a de que "o mundo fechou-se para o Brasil" e isso explicaria por que nossa relação dívida externa/exportação é de quase quatro, contra dois no Chile e um no México. Essa insistência em sempre atribuir aos outros os nossos problemas está muito desgastada. Para mostrar isso, nada melhor do que o exemplo da China. O gráfico 1 apresenta a participação brasileira e chinesa no comércio mundial das exportações.

Gráfico 1. Participação no comércio mundial das exportações

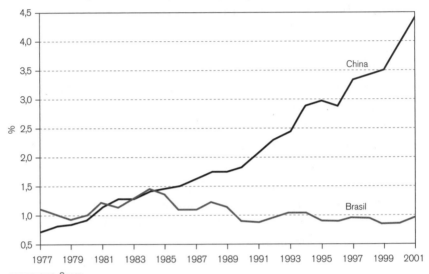

FONTE: OMC, Secex.
ELABORAÇÃO: Ideias Consultoria.

Vemos que a China já era ativa no início dos anos 1980, mas que o Brasil acompanhava o ritmo. Foi a partir de 1985 que as coisas desandaram para nós e melhoraram dramaticamente para o país asiático. Quando examinamos os fatos, encontramos os truques e subsídios imaginados pelos chineses para ampliar as suas exportações, enquanto os governos as estrangulavam no Brasil. A China só entrou na OMC em 2002, com seu lugar internacional consolidado. O incrível é que até hoje alguns economistas brasileiros acreditam que os chineses sempre tiveram uma única moeda, uma única taxa de câmbio e nunca realizaram uma desvalorização...

A China ampliou seu comércio com todos os países, particularmente com os Estados Unidos. É claro que os interesses políticos americanos facilitavam as coisas para os chineses, mas é ridículo pensar que eles "perseguiam" as exportações brasileiras. O gráfico 2 mostra a invasão chinesa no mercado americano a partir de 1985 (quando abandonamos nossa política exportadora):

Gráfico 2. Comércio entre China e Estados Unidos (1978-2000)

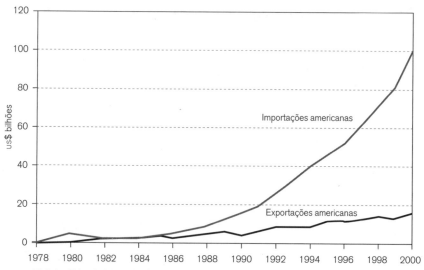

FONTE: Nicholas R. Lardy, *Integrating China into the Global Economy*, p. 159.
ELABORAÇÃO: Ideias Consultoria.

Em 2000, o saldo comercial da China com os Estados Unidos foi superior ao total das exportações brasileiras! Em larguíssima medida, isso se deve à agressividade comercial chinesa, não às restrições americanas aos produtos brasileiros, que já existiam em 1984...

Para o crescimento

Publicado em 2 de setembro de 2003

O PROBLEMA DE ALGUNS PETISTAS RADICAIS (portadores de um duvidoso marxismo) com o processo de desenvolvimento econômico capitalista é mais sério do que em geral se pensa. Generosamente, eles desejam construir uma sociedade sem classes onde não existem a eficiente divisão do trabalho (que é a origem do aumento da produtividade) e a propriedade privada (que garante a apropriação dos frutos da iniciativa individual). Pode-se pensar em formas alternativas da organização econômica — como é o caso, por exemplo, do cooperativismo ou da chamada economia solidária, que amenizariam a distância entre as pessoas, que a divisão do trabalho e a propriedade privada acentuam —, mas elas estão longe de ser hegemônicas em qualquer sociedade moderna.

O registro histórico desde a remota Antiguidade parece revelar que as sociedades onde o Estado foi parcimonioso na extração do excedente de seus súditos e onde estes puderam reter o produto de suas iniciativas tiveram progresso econômico mais robusto. A bibliografia sobre o assunto é longa e razoavelmente conclusiva. Adam Smith sintetizou esse fato em 1755 numa célebre passagem: "Para transformar um Estado do mais baixo barbarismo ao mais alto grau de opulência são necessários:

paz, tributação leve e uma tolerável administração da justiça. Todo o resto vem pelo curso natural das coisas".

Vinte anos depois, em *A riqueza das nações*, Smith mostrou como um mercado competitivo que produz uma eficiente alocação de recursos para atender ao consumo e à ampliação persistente da divisão do trabalho (muito estimulada também pelo comércio internacional) é um fator importante para o desenvolvimento econômico. É claro que o desenvolvimento não é apenas aumento do consumo, mas, também, o aumento pari passu da capacidade produtiva para atendê-lo. A ampliação da capacidade produtiva é resultado da disposição do empresário de reconduzir ao processo produtivo, como investimento, uma parte do seu próprio excedente (ou um valor que pode tomar emprestado de outros). Isso ele só faz quando pode reter no presente o fruto da sua iniciativa e vê a continuação do processo de crescimento no futuro. Com o novo investimento eleva-se a relação capital/mão de obra e, com ela, a produtividade do trabalho. Investimento aqui inclui, também, a infraestrutura e a qualidade do capital "humano" (educação, saúde) normalmente realizadas pelo Estado e que se refletem diretamente no aumento da produtividade do setor privado.

Fica cada vez mais claro que o desenvolvimento econômico indefinido (endógeno) é produzido pelo avanço das invenções, das inovações e das novas tecnologias que se incorporam ao capital a cada "novo" investimento. O investimento, por sua vez, depende da capacidade inventiva e da proteção temporária dos direitos sobre os benefícios produzidos por ela. O desenvolvimento é "indefinido" porque (ao contrário do que supunham os clássicos e neoclássicos) só terminará quando se extinguir a capacidade inventiva da humanidade.

Quando olhamos mais de perto esse modelo, ele esclarece por que encontramos o desenvolvimento em certas formas concretas de desenrolar histórico sintetizadas na frase de Adam Smith. O livre funcionamento dos mercados, a disposição de investir dos empresários, o desenvolvimento tecnológico e as invenções dependem da instituição e garantia da propriedade privada. O Estado parcimonioso, a tributação leve e a razoável administração da justiça andam, em geral, de mãos dadas com a instituição da propriedade privada que é a chave do desenvolvimento: o homem só toma uma iniciativa arriscada no campo econômico quando é estimulado pela possibilidade de apropriar-se dos eventuais benefícios de sua ação.

A sociedade razoável tem que combinar três valores: a liberdade de iniciativa, a relativa igualdade e uma eficiente máquina produtiva. Estes não são inteiramente compatíveis, o que exige o exercício da política. Talvez seja por isso que a forma mais frequente e duradoura de desenvolvimento econômico se realize nas sociedades democráticas pluripartidárias.

No momento em que o presidente Lula chama a nação para incorporar-se ao "espetáculo do crescimento", seria muito bom que os generosos "jacobinos" do PT fizessem uma pequena concessão: aceitar que o primeiro ato do espetáculo será "capitalista" e que se deve aperfeiçoar as instituições e respeitar a propriedade privada. Sua insopitável tendência a apelar a um Estado falido para resolver nossos problemas é mortal para o desenvolvimento.

Nosso fracasso

Publicado em 8 de junho de 2004

NOS ÚLTIMOS ANOS TEM SIDO PUBLICADO um bom número de interessantes estudos sobre o desenvolvimento da economia brasileira entre 1950 e 2000, tentando esclarecer por que, depois de um movimento vigoroso de crescimento até o início dos anos 1980, entramos numa fase de "patinação", com pequenos surtos de crescimento logo abortados. A maioria desses estudos usa o célebre "método contábil" que, utilizando uma função de produção escolhida, separa "as causas" do crescimento em três fatores: 1) a contribuição da mão de obra, 2) a contribuição do estoque de capital e 3) a contribuição do progresso tecnológico.

Os resultados dependem, como é óbvio, da natureza da função selecionada; da quantidade de horas trabalhadas por operários com vários níveis de educação; da definição e da medição do estoque de capital que certamente não é homogêneo: a cada ano o novo capital (o investimento que substitui o gasto no processo produtivo e aumenta o estoque remanescente) já incorpora os avanços tecnológicos. O "progresso tecnológico" é uma espécie de resíduo misterioso que ajuda a "função de produção" a capturar a componente de crescimento que não foi apreendida pelo trabalho e pelo capital, na forma em que foram definidos.

Quando se "refina" a definição dos fatores, o resíduo é diferente, e/ ou quando se modifica a "função de produção" temos outros resultados. Talvez seja por isso que nenhum desses estudos contém uma explicação convincente — a *causa causans* — da queda do ritmo de crescimento que se abateu sobre nós a partir dos anos 1980. Uma segunda objeção à "contabilidade do crescimento" é que, a despeito de os acréscimos da função (suposta contínua e diferenciável) sugerirem a ortogonalidade dos fatores, isso não ocorre nas variáveis estatisticamente construídas, o que significa que sempre haverá sérias dúvidas sobre a famosa produtividade total dos fatores (PTF) tão frequentemente utilizada para distinguir "fases" do crescimento.

Da mesma forma, estudos que utilizam dados de vários países (*cross--country*) para estabelecer relações entre os "fatores causais" e o crescimento do PIB estão sujeitos a toda sorte de "pragas metodológicas" que não podem ser corrigidas, como às vezes se pensa, aumentando o número de fatores nas regressões. Hoje eles já envolvem desde as coordenadas geográficas, a propensão à malária e a religião majoritária dos países envolvidos! No final, os problemas de endogeneidade não permitem esclarecer se eles são causa ou efeito do desenvolvimento...

Esses estudos são úteis, mas parece que o processo de desenvolvimento é muito complexo para ser apreendido por uma função de produção e um resíduo tecnológico que deixam de fora 1) o Estado, 2) o "espírito animal" dos empresários e sua capacidade de coordenação e 3) as instituições favoráveis à sua expansão (propriedade privada, o mercado, o respeito aos contratos etc.). Basta dizer que a mesma função e as mesmas definições dos fatores foram durante anos aplicadas para "explicar" o desenvolvimento das economias ditas "socialistas". *Desunt multa*, como diriam os latinos.

A análise concreta do processo de desenvolvimento tem de implicar não apenas a teoria econômica e a econometria, mas a história, a geografia (não apenas as coordenadas geográficas), a organização política e as instituições que determinam as condições iniciais do processo, e depois vão respondendo às necessidades do próprio desenvolvimento.

Sempre se soube que duas das condições primordiais para um desenvolvimento econômico bem-sucedido são a abertura para o exterior e a ênfase nas exportações. Graças a um preconceito cepalino (expresso na tese Prebisch-Singer) e ao predomínio do café, deixamos de atender àquela condição até 1964 e abandonamos de vez o objetivo das exportações a partir de 1984, com três períodos de congelamento da taxa de câmbio, em 1986, 1990 e 1994-8.

O gráfico abaixo explica o nosso fracasso melhor do que qualquer "contabilidade de crescimento" ou mil regressões *cross-country*. Ele dá o crescimento do volume das exportações do Brasil comparado ao de uma série de outros países desde o início do seu esforço exportador:

Gráfico 3. Comparação: volume exportado

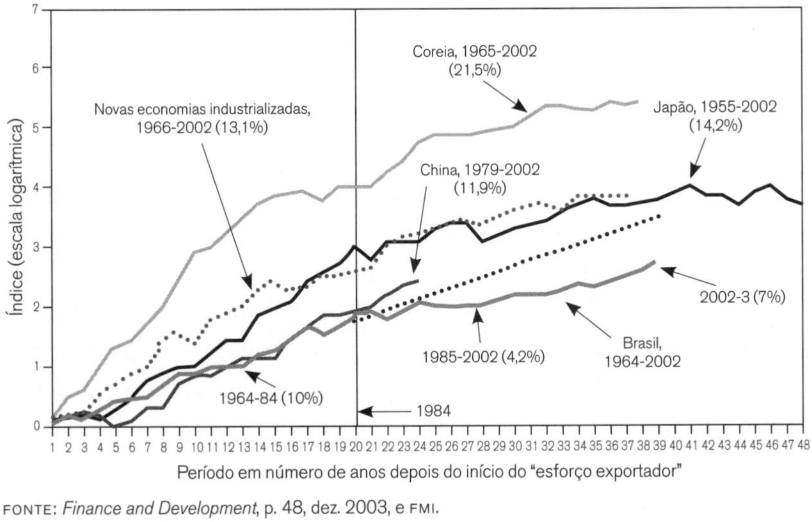

FONTE: *Finance and Development*, p. 48, dez. 2003, e FMI.
ELABORAÇÃO: Ideias Consultoria.

Até 1984 combatíamos bravamente com o "tigre chinês". Crescemos e vencemos a crise de 1980-2, terminando 1984 com superávit em conta-corrente. A partir daí "entregamos a toalha"!

Dez anos do real

Publicado em 15 de junho de 2004

NO MÊS DE JUNHO O PLANO REAL comemora o décimo aniversário. Talvez seja o momento para uma análise serena e objetiva do feito extraordinário que foi o controle do processo inflacionário brasileiro, depois de meia dúzia de tentativas malsucedidas. No mês da inauguração do primeiro mandato do ilustre presidente Fernando Henrique Cardoso (janeiro de 1995), a revista da Confederação Nacional da Indústria publicou uma longa entrevista que eu concedera aos jornalistas Nair Keiko Suzuki e Alexandre Gambirasio, sob o título "A dura advertência de Delfim: o Brasil vai pagar caro por essa política de câmbio", com um lead significativo: "A atual combinação de câmbio supervalorizado com taxa alta de juros terá consequências devastadoras para a indústria".

Nela reconhecíamos a excelência do programa de controle inflacionário: o sutil e inteligente congelamento da estrutura de rendimentos; a liberação total (inclusive do câmbio, mas controlado por juros altíssimos), que estabeleceu os preços de equilíbrio entre oferta e procura; a fantástica eficiência das comunicações, com os brasileiros convertendo os preços em URVs e depois reconvertendo na nova unidade monetária (o real) e a corajosa liquidação de todos os mecanismos de correção monetária que davam dinamismo próprio aos preços. O resultado foi dramático. Em poucos meses a taxa de crescimento anual dos preços (isto é, a inflação) veio abaixo para nunca mais se recuperar, como se vê na tabela abaixo:

	Taxa de crescimento (%)	
Ano	Inflação (IPCA)	PIB
1994	2075,89	5,85
1995	66,01	4,22
1996	15,76	2,66
1997	6,93	3,27
1998	3,20	0,13
1999	4,86	0,79
2000	7,04	4,36
2001	6,84	1,31
2002	12,53	1,93
2003	9,30	-0,22

FONTE: IBGE.

A média de aumento dos preços depois do processo de ajuste (1997--2003) foi de 6,3%. Infelizmente o crescimento médio anual do PIB no mesmo período foi de 1,8%. Quando se compara o Plano Real com outros planos de estabilização que funcionaram, os resultados não parecem muito brilhantes. Há, entretanto, um problema nessa comparação. Em 2001 o Brasil assistiu a uma superlativa demonstração de incompetência administrativa, que o surpreendeu com o "apagão energético". Os resultados de 2000 (depois da desvalorização cambial) indicavam que poderíamos estar entrando num período de crescimento mais robusto (talvez entre 4% e 5%). As mais conservadoras estimativas mostram que a "barbeiragem energética" custou, no mínimo, 2% do PIB de 2001 e gerou uma desconfiança enorme sobre a competência do governo.

Por outro lado, a desvalorização de 1999 também deixou de cumprir o papel a que se destinava: produzir uma recessão rápida e profunda que em um ano transformaria o déficit de conta-corrente em superávit e, depois, sustentaria um crescimento robusto, como demonstra a experiência internacional (e, no caso, a nacional de 1984). No estilo que caracterizou toda a octaetéride fernandista utilizou-se uma política de "panos quentes" que, sem gerar a recessão, inibia o crescimento.

Certamente a maior dificuldade do Plano Real foi o controle do câmbio (através de altíssimas taxas de juros), que levou o Brasil três vezes ao FMI e produziu um déficit acumulado em conta-corrente de mais de 180 bilhões de dólares, a despeito da privatização apressada de boa parte do patrimônio nacional. No primeiro mandato usou-se a fórmula "política fiscal frouxa e política monetária apertada", o que acabou aumentando a dívida líquida do setor público, mesmo com um aumento importante da carga tributária, como se vê abaixo:

Fim do ano	Saldo primário (% PIB)	Carga tributária (% PIB)	Relação dívida/PIB
1994	5,21	27,9	30,10
1998	0	29,3	41,70
2002	3,5	34,9	55,50
2003	4,3	38,5	58,70

FONTE: Banco Central.

No segundo mandato, o FMI impôs a condição de se manter constante em torno de 56% a relação dívida líquida do setor público/PIB, que é o mecanismo que controla a solvabilidade da dívida. É preciso lembrar que no terceiro trimestre de 2002 (durante o processo eleitoral) ela chegou a atingir quase 62%, quando parecia que iríamos perder o controle sobre a taxa de câmbio. A reação do Banco Central e do Tesouro no último trimestre de 2002 (depois da eleição decidida contra o governo) foi enérgica e continuou no governo Lula, sendo que em abril de 2003 a relação havia sido reduzida para quase 53%. Encontra-se hoje em torno de 57%.

Durante os oito anos do governo FHC as exportações brasileiras cresceram à medíocre taxa de 4,2% ao ano, enquanto as exportações mundiais cresciam à taxa de 5,2%. Criou-se, assim, uma enorme dependência externa. A relação dívida externa líquida/exportação era de 3,43 em 2002, contra um limite considerado "virtuoso" pelo mercado de 2. E a relação entre amortização mais juros/exportação era de 66,4%, quando a relação virtuosa é de 30%. Eliminar essa dependência não pode deixar de ser objetivo prioritário do governo Lula.

O papel do Estado

Publicado em 17 de agosto de 2004

A "TEORIA ECONÔMICA MAIS PURA" contém sempre um resíduo ideológico de como o investigador vê o mundo. É por isso que muitos de seus problemas nunca são resolvidos: eles retornam sob novas formas que exigem novo esforço de compreensão. Talvez o maior exemplo disso seja a tentativa dos economistas de esclarecer qual é o papel do Estado no processo de desenvolvimento. O problema está ligado ao nascimento da teoria econômica. Adam Smith, em *A riqueza das nações* (1776), relativizou esse papel (mas não entronizou o laissez-faire como às vezes se pretende), combatendo a doutrina mercantilista, na qual o Estado era o protagonista principal do processo de desenvolvimento.

Nos últimos 228 anos a discussão não nos abandonou. O desenvolvimento de todos os países, na sequência da primeira revolução industrial na Inglaterra, sempre teve o Estado como estimulador do processo. Essa participação se explicitou na construção de boas instituições que garantem a propriedade privada e a apropriação pelos agentes econômicos dos frutos das suas iniciativas. Os Estados foram ainda importantes na consolidação geográfica das nações que criaram os mercados internos e beneficiavam as indústrias com economias de escala. Criaram, também, as condições para o aparecimento de um sistema financeiro capaz de financiar empreendimentos de infraestrutura. Em todos os países o Estado promoveu surtos de menor ou maior liberdade comercial externa, em função dos "estágios" do desenvolvimento industrial que consolidavam.

Entre a Primeira e a Segunda Guerra Mundial as maiores potências e as que ainda almejavam sê-lo competiram ferozmente entre si pela criação e apropriação (pelo roubo puro e simples!) das novas tecnologias. Sob a vigilância do Estado, protegeram seus mercados com tarifas acumuladas sobre um sistema de taxas de câmbio competitivas, quase caóticas.

O entusiasmo que sucedeu à Segunda Guerra Mundial deu visibilidade à União Soviética como um "modelo estatal alternativo", "viável" e "eficiente" de desenvolvimento. Os economistas ocidentais, abrigados nas instituições criadas pela Organização das Nações Unidas, buscaram estimular o desenvolvimento através da criação de uma teoria do planejamento apoiada na ação do Estado. Ela atingiu o seu ápice nos anos 1960 sem produzir qualquer resultado (teórico ou prático) digno de registro. No país em que, com o apoio explícito do governo e da academia americanos, o exercício foi levado mais longe — a Índia —, com o objetivo de comparar o "desenvolvimento com democracia" e o "desenvolvimento com ditadura" que se ensaiava na China (apoiado pela União Soviética), o fracasso foi completo. O experimento chinês não foi longe, e logo os soviéticos se retirariam de forma dramática, depois de amargarem imensos prejuízos econômicos e políticos.

A ideia de um planejamento "indicativo" desenvolvida especialmente na França também teve um triste fim sob a esmagadora vitória da "economia social de mercado" instalada por Adenauer na Alemanha, com o estímulo aos mercados concorrenciais, a confirmação da independência do Bundesbank e a ampliação do "welfarismo" social.

O último suspiro de um ativismo governamental de inspiração keynesiana terminou na grande inflação americana, de 1973 a 1982. Nos anos 1980, essa tragédia americana, combinada com o fim da União Soviética, marca uma completa mudança no entendimento do papel do Estado no desenvolvimento, reduzindo-o apenas à criação das instituições adequadas e da ordem fiscal e monetária. O resto, o crescimento, viria por gravidade! A manifestação mais típica desse movimento é o

ECONOMIA É COISA SÉRIA

famoso Consenso de Washington, em si mesmo um conjunto de regras saudáveis às quais se juntaram uma condição perversa, "algemar" o Estado, e outra ideológica, liberar o movimento de capitais.

Os países em desenvolvimento precisam do papel que o Estado representou ontem em todas as nações que hoje são desenvolvidas. O Brasil não precisa da legislação prudencial financeira que os Estados Unidos têm em 2004, mas da que eles tinham em 1904! Tinham, então, a mesma renda que hoje temos e estavam construindo o que são hoje! É disto que se trata: o papel do Estado no processo de desenvolvimento é datado e, como tudo, evolui!

A história econômica mundial mostra que o papel do Estado é essencial para a realização do desenvolvimento econômico. É ele que pode reduzir a opacidade do futuro e estimular o "espírito animal" dos investidores; é ele que pode facilitar o aumento do crédito para investimento; é ele que pode desonerar o investimento em bens de capital; é ele que pode reduzir com cuidado as tarifas de importação, o que aumenta a produtividade e no curto prazo tende a elevar a taxa de câmbio, aumentando a proteção ao mercado interno e estimulando as exportações; é ele que pode realizar as reformas microeconômicas e uma inteligente política de estímulo à criação de nova tecnologia.

O desenvolvimento sustentado é, numa larga medida, o resultado de um estado de "espírito" que se apropria de um país que ousa crescer estimulando seus empresários, sem desobedecer à desagradável aritmética orçamentária. Aos "cientistas econômicos" está reservado o papel de dizer que isso é muito perigoso.

O quase consenso

Publicado em 1º de agosto de 2006

EM MATÉRIA DE POLÍTICA ECONÔMICA e social o Brasil avançou muito nos últimos anos. A sociedade passou a compreender as limitações impostas pela escassez de recursos para satisfazer todas as suas necessidades. O maior avanço foi a recente "domesticação" da esquerda, que, uma vez chegada ao poder, teve de lidar com o problema. Ninguém mais (talvez seja um pequeno exagero) dos membros da velha tribo acredita no pressuposto fundamental que a dominava: "Dois mais dois podem ser cinco, desde que haja vontade política!".

Aparentemente, há um quase consenso sobre alguns pontos importantes:

1. que cabe ao Estado a produção de quatro bens públicos essenciais à construção de uma sociedade razoável: a) promover a igualdade de oportunidades para todos os cidadãos; b) promover um satisfatório provimento de justiça; c) promover um sistema eficiente de alocação dos recursos escassos através do mercado em que se estabelecem livremente os preços; e d) promover a estabilidade do poder de compra da moeda nacional;

2. que o equilíbrio fiscal com uma carga tributária mais leve (em torno de 25% do PIB, em lugar dos atuais 38%) e um endividamento

mais modesto do Estado (em torno de 30% em lugar dos atuais 51%) são condições sine qua non para se obterem taxas de juros reais razoáveis (talvez entre 2% e 4% em lugar dos "eternos" 10%), que estimularão uma taxa de investimento capaz de assegurar um crescimento sustentado robusto (qualquer coisa entre 5% e 7%);

3. que a sociedade rejeita qualquer aumento de impostos e o sistema financeiro se recusa a financiar o aumento do endividamento. Logo, não resta alternativa a não ser um "choque de gestão" capaz de incentivar ao longo de alguns anos um aumento de produtividade do setor público nos três níveis de governo;

4. que esse programa tem que começar pela fixação rigorosa das despesas de custeio dos governos ao seu valor real atual. Em outras palavras, elas serão corrigidas não pelo PIB nominal ou pelo nível da receita pública como hoje, mas pelo Índice de Preços ao Consumidor Amplo (IPCA);

5. que o estranho conceito que em linguagem orwelliana se denomina "superávit primário" (o qual não é "superávit" que possa ser gasto, mas gasto que já foi feito) deve ser calculado de modo a reduzir paulatinamente a relação dívida líquida/PIB, importante determinante da taxa de juro real;

6. que a existência de boas instituições é fundamental para garantir um funcionamento eficiente do sistema de preços (o mercado) como instrumento de alocação de recursos que são escassos e têm múltiplos usos;

7. que o mercado é compatível com a liberdade individual, mas não oferece nenhuma garantia para uma relativa igualdade que é intensamente desejada para o equilíbrio social, o que exige uma ação do Estado;

8. que a "eficiência" do mercado será percebida como socialmente injusta se não tiver em sua retaguarda uma política que, com o tempo, aumente a igualdade de oportunidades para todos os cidadãos, não importando sua origem, cor, religião etc. É isso que garante que a "competição no mercado" será uma corrida mais honesta, em que todos começarão no mesmo ponto de partida. O provimento dessa igualdade de oportunidades é papel fundamental do Estado;

9. que é melhor que o Estado faça apenas aquilo que o setor privado não queira ou não tenha condições de fazer e que controle as atividades econômicas com bons sistemas regulatórios aprovados pelo Congresso através de agências com mandatos que as tornem imunes à pressão dos governos;

10. que é obrigação do governo dar aos empresários privados condições de competição (carga tributária, taxa de juro real e taxa de câmbio) isonômicas às dos seus concorrentes externos. Em princípio, essas condições podem ser proporcionadas pela combinação do sistema de metas inflacionárias com o sistema de câmbio flutuante, sujeitas à auditoria do Congresso;

11. que a boa execução dessas tarefas deve ser feita por um Banco Central autônomo, com mandato fixo e bem constituído. Dado que a "teoria econômica" não é uma ciência exata, mas constituída por "escolas" com múltiplas visões e ideologias escondidas, essa constituição deve envolver uma diversidade cultural e geográfica, para compensar o evidente déficit democrático implicado na transferência do poder eleito para o poder "escolhido".

A incorporação dessas condições num programa de desenvolvimento nacional que devolva entusiasmo ao "espírito animal" dos empresários produzirá a volta do crescimento econômico tão desejado e dará ao Estado as condições de cumprir o seu papel na área de infraestrutura e na geração do capital humano. O crescimento econômico é menos uma questão de teoria econômica e mais um estado de espírito! Começa por um governo que o entenda e respeite as condições objetivas dentro das quais ele pode realizar-se com equilíbrio interno e externo.

Constituição:
política e economia

Publicado em 12 de setembro de 2006

NO MOMENTO EM QUE MUITOS voltam a buscar a "salvação nacional pela reforma constitucional", talvez não seja ocioso pensar em como se organiza a sociedade humana para o atendimento das suas necessidades materiais. Cada indivíduo participa de dois universos que são vistos como separados, mas dos quais ele é, misteriosamente, a interseção: o universo político e o universo econômico.

O universo político é o governo democrático, que implica: 1) eleições periódicas livres e competitivas com sufrágio universal, 2) a existência de uma oposição bem definida, 3) a proteção dos direitos das minorias e 4) a liberdade de associação e de expressão. Nesse universo se realiza a justiça na política, que é expressa na Constituição. No regime presidencialista ele se organiza em torno de três poderes: o Legislativo, que produz as normas; o Executivo, que as executa; e o Judiciário, que obriga a todos o seu cumprimento. No regime parlamentarista há uma fusão dos poderes Executivo e Legislativo, o primeiro emanando do segundo.

No universo da política, os homens constroem certos valores que acabam definindo o que entendem por "justiça": liberdade, relativa igualdade, atendimento das necessidades básicas de todos e a produção de certos bens públicos que permitem uma convivência civilizada. Esses bens públicos gozam de duas propriedades importantes: ninguém pode ser excluído do seu uso e todos podem usá-los sem diminuir a quantidade usada pelos outros. Quatro bens públicos importantes são a segurança interna e externa, a criação de igualdade de oportunidades, a produção da justiça e a garantia de uma moeda com valor estável.

A preocupação com a igualdade de oportunidades e o provimento da justiça para todos no universo da política produz o cidadão e define a base institucional sobre a qual se constrói e se dá legitimidade ao universo econômico. Este se organiza perigosamente em torno de um só poder: o mercado. A história mostra uma intrigante correlação (não de causalidade) entre liberdade política, liberdade econômica e progresso material. O fracasso retumbante do socialismo real é apenas a mais recente manifestação dessa correlação. O fantástico desenvolvimento da China, por outro lado, nos adverte sobre a ausência de causalidade.

No universo econômico, a eficácia da coordenação das atividades pelo sistema de preços (o mercado) depende: 1) de uma definição precisa do direito de propriedade, 2) da plena liberdade de iniciativa e apropriação de seus resultados e 3) do estrito controle das práticas monopolísticas, o que é definido no universo da política. A justiça do mercado decorre do seu valor supremo: o feroz processo competitivo em que cada um ganha, por definição, o que merece.

Cada cidadão é parte, simultaneamente, dos dois universos, mas o mercado está imerso no político. Pragmaticamente, é preciso encontrar o ponto áureo que equilibra os valores dos dois universos: ele parece ser um Estado de direito democrático, forte, capaz de garantir a propriedade privada e a competição, mas também capaz de construir uma rede de segurança que assegure as necessidades básicas dos cidadãos menos afortunados, quando estes não puderem satisfazê-las por seus próprios meios ou não encontrem emprego por falta de crescimento econômico.

O mercado, quando bem regulado, pode gerar a eficácia produtiva e respeitar a liberdade de iniciativa, mas está longe de produzir uma relativa igualdade distributiva e, mais ainda, a fundamental igualdade de oportunidades. Aceitemos ou não, a relativa igualdade entre os cidadãos é aspiração fundamental da "justiça política". Essa é a questão fundamental: como construir uma sociedade que produz essas "igualdades" (a de oportunidades e a de renda) sem comprometer a eficiência produtiva e a liberdade dos cidadãos. A experiência mostra que os regimes de economia centralizada tendem a sacrificar a eficiência produtiva e a liberdade em favor da igualdade; os regimes de economia de mercado sacrificam a igualdade em favor da eficiência e da liberdade.

Um Estado forte e uma sociedade democrática, controlados por uma boa Constituição no universo da política, parecem ser a melhor resposta para combinar esses valores relativamente incompatíveis no universo econômico.

Sejamos lógicos

Publicado em 23 de janeiro de 2007

O GRANDE ECONOMISTA E ESTADISTA Luigi Einaudi, presidente da República Italiana de 1948 a 1955, célebre autor de um clássico, *Principi di Scienza delle Finanze* (1932), ao analisar a crise austríaca nos anos 1930, indagava:

> Quem assumirá a responsabilidade de conservar, renovar e fazer crescer o capital nacional se os altos impostos, os altos salários e a previdência social não deixarem margem de lucro para as empresas? É preciso ser lógico: ou se tenta, como na Rússia, com sucesso ou não — isso não importa —, construir um outro sistema social fundado em motivos diferentes dos da nossa sociedade, ou é mister resignar-se a aceitar o elemento motor da empresa privada, que é a esperança de lucro proporcional ao investimento realizado.

Hoje todos sabem como terminaram (até agora) as tentativas de construir "um outro sistema social". Isso também não importa. Todos os sistemas respondem à mesma estrutura interna de crescimento, que é a transformação do excedente produzido (aquilo que não foi consumido) em investimento. Na economia de mercado esse excedente é apropriado pelos empresários através do lucro. O que se espera deles é que reinvistam a maior parte desse excedente nos setores que a sociedade determinar através das suas demandas explicitadas no mercado.

Numa economia centralizada, o excedente seria apropriado através das empresas estatais, convertido num grande fundo de investimento e alocado de acordo com os critérios determinados pelos "engenheiros sociais", nome elegante dado aos burocratas que trabalham sob a proteção de um déspota esclarecido ou, o que é a mesma coisa, sob o controle do "partido único". Em princípio (eis o "sonho" voltando...), desde que os problemas de informação (que são resolvidos pelo mercado) pudessem ser superados e fosse possível estabelecer incentivos que compatibilizassem os interesses do "cidadão-burocrata" com os do "cidadão-consumidor", a economia centralizada talvez pudesse funcionar razoavelmente sem comprometer a liberdade individual do consumidor, mas não a do trabalhador.

A história do mundo soviético mostrou, concretamente, o que alguns economistas nos anos 1930 (Von Mises, em particular) já haviam intuído. A economia de mercado, apoiada no respeito à propriedade privada, funciona porque, bem ou mal, resolve o problema da "informação" sem exigir o constrangimento físico do trabalhador e sem controlar os desejos do consumidor. É a única forma que o homem encontrou (até agora) para conciliar razoavelmente a eficiência produtiva (o desenvolvimento econômico) com a liberdade individual. Entretanto, ela é incapaz de produzir uma razoável igualdade de oportunidades para todo cidadão, independentemente de sua origem, cor ou religião, o que é fundamental para dar moralidade à feroz competição que caracteriza a economia de mercado. Cabe ao Estado, através de políticas públicas eficazes, ajudar a construí-la.

Não é preciso, por outro lado, aceitar os princípios do mercado como se fossem dogmas religiosos; ou defender o imobilismo; ou pretender que qualquer mudança é uma ameaça à ordem financeira; ou negar que seja possível melhorar a situação dos mais carentes sem violar a ordem orçamentária; ou, ainda, pretender que qualquer solução de qualquer mercado é "justa". Da mesma forma, não é recomendável ceder à tentação "populista" ou ignorar as restrições físicas. E, muito menos, aderir ao democratismo irresponsável, que frequentemente se esconde sob o rótulo de "esquerda progressista".

Como disse Einaudi, é preciso ser lógico. Se o Estado é grande demais, não sobra espaço para o país crescer. Se além de grande for ineficiente, só é possível diminuir a desigualdade de oportunidades à custa da redução do desenvolvimento. A proposição enunciada por Einaudi pode ser apreciada no gráfico abaixo, onde se mostram a taxa de crescimento real do PIB (média 2003-5) e a carga tributária em porcentagem do PIB (2002-4) numa amostra de 52 países.

Gráfico 4. Carga tributária bruta e crescimento do PIB

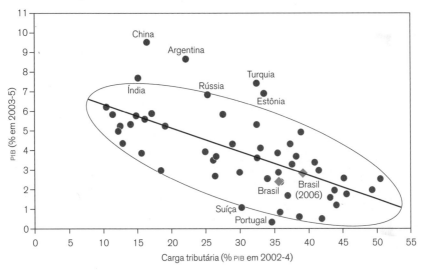

FONTE: IMD World Competitiveness Yearbook 2006.
ELABORAÇÃO: Ideias Consultoria.

Salta aos olhos uma clara tendência decrescente entre o nível de tributação e o crescimento. É claro que a taxa de crescimento depende de outros fatores. Particularmente, do nível da renda per capita e do nível de relação investimento/PIB. Quando se leva estatisticamente em conta esses fatores, eles, juntamente com a carga tributária, "explicam" mais de metade das variações das taxas de crescimento entre os países. A má notícia para o Brasil é que, para aumentar a taxa de crescimento

ECONOMIA É COISA SÉRIA

para 5% ao ano de maneira sustentada, com o nosso nível de renda per capita de 8200 dólares (paridade de poder de compra) e uma carga tributária de 38%, é preciso uma taxa de investimento (público + privado) superior à geralmente estimada de 25% do PIB. Programar uma redução da carga tributária (ainda que lenta) e aumentar, paralelamente, a eficiência da máquina estatal é essencial para acelerar o crescimento e executar políticas públicas que reduzirão a enorme desigualdade de oportunidades que marca a nação brasileira e aumenta a resistência à aceitação moral da economia de mercado.

Setor privado e setor público

Publicado em 6 de fevereiro de 2007

EM 1947 FUI TRABALHAR, selecionado por concurso público, na oficina mecânica da Mooca, do Departamento de Estradas de Rodagem (DER) do estado de São Paulo. Naquele tempo, o expediente era de seis horas, o que me permitiu frequentar a Faculdade de Ciências Econômicas e Administrativas da Universidade de São Paulo. Eu tinha vindo de uma empresa nacional (a Companhia Gessy Industrial), onde trabalhara de 1942 a 1946 e havia feito uma pequena carreira: de "office boy" a "correspondente". O que mais chamou minha atenção na mudança foi a diferença do ambiente de trabalho.

A Gessy era uma sólida empresa nacional, no "estado da arte": competia com as maiores empresas internacionais do ramo instaladas no Brasil. Propriedade familiar, tinha sua própria pesquisa, um sistema de propaganda e marketing altamente eficiente e, o que era importante, boa taxa de retorno. O que caracterizava o seu ambiente era a vigilância permanente dos concorrentes, imitando-os, superando-os e mantendo viva a chama da competição. A empresa cooptava o esforço dos colaboradores com a observação cuidadosa do seu comportamento, estimulando-os com importantes "incentivos". As promoções eram frequentes e individualizadas, complementadas por bônus de gratificação distribuídos

ECONOMIA É COISA SÉRIA

semestralmente, na base de tantos múltiplos dos salários, o que tornava visível a todos a avaliação que a empresa fazia de cada um. Não era, portanto, apenas o espírito competitivo (quase esportivo contra os concorrentes) que movia os colaboradores, mas, também, o reconhecimento manifestado concretamente do esforço de cada um. Os "incentivos" eram as promoções e os bônus. Quem não se ajustasse àquele espírito sentia-se discriminado e, muitas vezes, escolhia outro caminho.

No DER, o "ambiente" era completamente diferente: não havia nenhuma competição (o "inimigo externo" era o próprio Estado), as "carreiras" eram absolutamente estáticas (criadas havia dezenas de anos), os salários eram menores que os do setor privado e não havia qualquer estímulo material. Pelo contrário. Naquele tempo o pagamento do salário não tinha um dia fixo e era muito comum que atrasasse de dois a seis meses! As raríssimas promoções eram produto da morte ou da aposentadoria de quem "estava na frente". Por outro lado, era visível a competência dos engenheiros (os cargos importantes eram "monopólio" deles). O que mais me impressionava eram a dedicação e a competência técnica do pessoal da oficina, onde se resolviam intricados e curiosos problemas mecânicos (o DER projetava e construía estradas e tinha mais de mil máquinas rodoviárias de todos os tipos). Havia um "espírito" de solidariedade tribal. Estimulava-se com cursos internos o aperfeiçoamento do pessoal e havia uma pequena escola onde se desenvolviam cursos de português, aritmética e física elementares, como fazem hoje as melhores empresas. Mas o "tempo" e o sentido de urgência na execução das tarefas eram totalmente diferentes dos que eu conhecera na Gessy. Não havia nem o "perigo" da concorrência, nem os "incentivos". Cada um fazia (e fazia bem!) a sua tarefa, mas na forma e no tempo que se acomodavam melhor ao seu "bem-estar". Exatamente como sugeriria a teoria do "X-Efficiency", desenvolvida por Leibenstein trinta anos depois.

Tudo parecia muito diferente do *Homo economicus* que eu estava aprendendo a adorar no curso de economia. Como é possível — eu me perguntava — que pessoas tão competentes e responsáveis se acomodem com salários menores que os do mercado? Uma explicação possível seria a falta de emprego, mas certamente não era isso o que acontecia.

46

Entre 1948 e 1950, o PIB cresceu à taxa de 8,1% ao ano e a taxa de inflação média de 1948 a 1950 foi da ordem de 3,7% ao ano! A explicação era mais pedestre: eles davam maior valor à estabilidade absoluta e à aposentadoria (que era maior que a do setor privado) do que ao salário corrente. A "racionalidade" era que o valor da remuneração ao longo da vida era igual ou maior que o do setor privado, com mais conforto no trabalho e menor risco, uma vez que eles não podiam ser demitidos, a não ser por processo administrativo.

Neste meio século o mundo mudou completamente. Enfatizou-se o valor do "incentivo" para estimular a atividade do homem no regime de liberdade. No serviço público, entretanto, quase nada mudou. É discutível se houve progresso real na administração do pessoal. Depois da Constituição de 1988 fizemos apenas arranjos cosméticos. O que parece evidente é que a situação de falta de estímulo e de incentivos individualizados para mobilizar o esforço e a competência que existem estocados em cada servidor é ainda menor hoje do que foi no passado. Enquanto isso, tanto os salários quanto a aposentadoria de grande número do pessoal que dirige o Estado são escandalosamente superiores aos dos seus correspondentes no setor privado, financiados pela carga tributária excessiva que esmaga o crescimento brasileiro.

O curto e o longo prazos

Publicado em 31 de julho de 2007

HÁ QUASE 110 ANOS, um famoso economista, o sueco Knut Wicksell, disse que

> não é preciso muitas palavras para demonstrar como é importante que o poder de compra da moeda — ou, o que é o mesmo, apenas visto pelo outro lado, o preço das mercadorias — seja tão constante quanto possível. Afinal a moeda já é [em 1898], e diariamente torna-se mais e mais, o padrão de medida de todos os valores e a base de todos os contratos, uma vez que todos os bens são produzidos para a troca e a troca se dá pela moeda... É de todo o interesse, portanto, que tal padrão seja mantido tão estável e invariável quanto seja possível, da mesma forma que os padrões físicos de comprimento, capacidade e peso.

Os economistas dão o nome de "bem público" àquele que possui duas características especiais: 1) quando alguém o utiliza, não diminui a quantidade disponível para os outros, e não há um custo adicional, e 2) quando produzido, ninguém pode ser excluído do seu uso. No caso de tais bens, os consumidores não competem entre si pelo seu uso e todos, sem exceção, podem se beneficiar. É um fato conhecido de longa data que tais bens não se prestam a ser eficientemente produzidos pelo mercado. São, em geral, criaturas do Estado entendido abstratamente como forma de organização coletiva, ou seja, independente do passageiro poder político (o governo) que eventualmente o controla. O exemplo clássico de bem público é a segurança externa de uma nação: quando ela existe todos os cidadãos são beneficiados.

Pois bem. Um dos mais importantes "bens públicos" é a estabilidade do valor da moeda a que se referia Wicksell, e esta só pode ser assegurada pelo Estado. O grave problema é que pode haver um conflito de interesse: o poder político (o governo) que eventualmente controla o Estado pode, em circunstâncias especiais, beneficiar-se, no curto prazo, com a sua desvalorização. Esse fato é conhecido desde sempre: na Idade Média, por exemplo, um célebre papa condenou à excomunhão todo imperador (que então eram tementes a Deus...) que manipulasse o peso das moedas, cunhadas em metais nobres. Em palavras mais claras, os que detêm transitoriamente o poder político que controla o Estado e desejam conservá-lo a qualquer custo podem fazer justo o oposto do que se espera do "Estado abstrato". Aproveitam, oportunisticamente, a desvalorização da moeda para obter — no curto prazo, que é o único que conta — a aprovação dos seus eleitores.

A hipótese mais simples e mais primitiva é a do líder carismático voluntarioso e empreendedor, especialista em prestidigitação: cria moeda (iludindo o eleitor, que pensa que ele criou recursos) e realiza obras visíveis. A pequena inflação inesperada (que inevitavelmente crescerá com a repetição da mágica) reduz o salário real e tende (juntamente com a pressão da demanda pública) a aumentar o nível de emprego. As urnas responderão generosamente ao seu comportamento: os votos dependem mais do emprego que do salário e do "estímulo" da obra física visível.

Tudo isso ocorre no curto prazo, o único que interessa a quem está e pretende ficar no poder. À medida que a mágica é repetida, entretanto, a inflação deixa de cumprir o seu papel: mais cedo ou mais tarde, os trabalhadores entendem onde ela se esconde e passam a reivindicar aumentos nominais de salários para compensá-la, o que elimina o efeito sobre o nível de emprego. No prazo mais longo, restará apenas a aceleração da inflação, que vai desorganizando o sistema de preços e reduzindo a eficiência produtiva e, portanto, o próprio crescimento do PIB.

Desde os dois grandes surtos inflacionários mundiais (1973-5 e 1979-81) que acompanharam as crises do petróleo, a política econômica foi sendo ajustada para reduzir o poder discricionário dos eventuais detentores da administração do Estado. Essas mudanças se explicitaram 1) num rigoroso controle fiscal imposto por lei (o exemplo da Comunidade Europeia e, no nosso caso, como em muitos outros países, das leis de responsabilidade fiscal) e 2) pela instituição de Bancos Centrais operacionalmente autônomos que recebem do poder político, como missão, manter tão estável quanto possível o valor de compra da moeda, sem introduzir uma volatilidade indesejada na taxa de crescimento real da economia.

O "déficit democrático", que certamente envolve a "autonomia" do Banco Central, é coberto pela obrigação explícita do poder político de revelar à nação em quanto pretende manter a taxa de inflação e, depois, arcar com suas consequências. Acabou-se a era dos prestidigitadores. A sociedade organizada no Estado limitou, legítima e institucionalmente, o poder discricionário dos eventuais (e passageiros) detentores do poder político, que faziam a sua falsa felicidade no curto prazo e preparavam a sua real desgraça no longo...

Estadólatras e estadofóbicos

Publicado em 20 de novembro de 2007

ASSISTI NA SEMANA PASSADA a uma obscurantista discussão entre economistas que não conseguem entender as limitações da ação do Estado (estadólatras) e os que não conseguem entender a sua necessidade (estadofóbicos). A história sugere, entretanto, que um Estado constitucionalmente forte, moderado e capaz é condição necessária para despertar o "espírito animal" do empresário, que é, afinal, quem realiza o desenvolvimento econômico num regime de economia de mercado. Não há mercado sem um Estado forte que garanta seu funcionamento e não há desenvolvimento sem mercado. Com um envergonhado cabotinismo, imponho aos meus leitores um texto publicado a respeito há quase meio século, tempo em que essa discussão já era anacrônica:

> O ideal que desejamos atingir pode resumir-se em duas proposições básicas: 1) a maximização da taxa de desenvolvimento econômico do país, com uma extensão tão rápida quanto seja possível dos benefícios de tal desenvolvimento a todos os cidadãos, e 2) uma descentralização do poder político que torne possível a todos os cidadãos desfrutar, livremente, desses benefícios.
>
> Se examinarmos os sistemas econômicos existentes no mundo contemporâneo à luz desses dois objetivos, verificaremos que nenhum deles os

atinge em sua plenitude, mas que algumas economias já desenvolvidas caminham no sentido de realizá-los. Para um país subdesenvolvido o problema é muito mais complexo, pois as decisões não podem restringir-se ao campo da distribuição, mas têm de abranger, também, o campo da acumulação do capital. Na medida em que têm que decidir nesses dois campos, as contradições se aprofundam, pois que nem o capitalismo liberal nem as implementações conhecidas do socialismo são satisfatórios. No primeiro, temos a sujeição da coletividade à minoria detentora do poder econômico, e, no segundo, essa mesma sujeição à minoria detentora do poder político, ambas sempre prontas a confundirem, pela fraude num caso ou pela força no outro, a sua própria vontade com os verdadeiros anseios da coletividade.

Foi a compreensão histórica de que nem o laissez-faire nem o socialismo estilo soviético possibilitam a consecução efetiva desses objetivos que abriu o caminho para o planejamento. Com o planejamento procuramos ficar com o que há de positivo em cada uma daquelas formas de realizar a satisfação das necessidades materiais do homem minimizando o que há de negativo em cada uma delas.

As críticas acerbas que tem sofrido algumas vezes o tipo de planejamento a que estamos nos referindo (indicativo) têm duas origens distintas, mas claramente discerníveis. De um lado, as classes conservadoras têm uma compreensão muito inadequada do processo de desenvolvimento econômico, pensando-o basicamente em termos quantitativos e atribuindo valor mítico ao mercado, o que as leva a rejeitarem o planejamento por inútil; do outro, as classes revolucionárias, vendo nele um instrumento eficiente das sociedades abertas para realizarem os ideais do bem-estar social, combatem-no por claras razões de ordem tática.

É o entendimento inadequado da realidade dentro da qual se tem que produzir as mudanças de estrutura e de comportamento que tem levado à ideia de que o livre funcionamento do mercado — isto é, a ausência do planejamento — pode realizá-las. É a crença mítica no mercado, derivada da observação dos países desenvolvidos e não das realidades empíricas nacionais, que leva muitas pessoas a combaterem todos os tipos de planejamento por inúteis ou comunizantes.

Para entender o fenômeno mais adequadamente basta considerar que, dentro das economias hoje desenvolvidas, as modificações tecnológicas e

O ESTADO, O MERCADO E AS URNAS

o aumento do capital em cada setor se processaram de forma quase contínua, por absorções infinitesimais, realizadas desde a Revolução Industrial. Isso significa que o sistema de preços era sujeito a pressões contínuas, de proporções manejáveis, e podia, portanto, orientar mais ou menos adequadamente os fatores de produção. Ora, o caso dos países subdesenvolvidos atuais é exatamente o oposto disso: a introdução da tecnologia se faz de maneira descontínua, aos saltos, o que produz desequilíbrios de magnitude dificilmente absorvível pelo sistema de preços, a não ser à custa de altas e baixas muito violentas, que tornam o custo social do desenvolvimento insuportável, principalmente para as classes trabalhadoras.

Para que o sistema de preços possa funcionar adequadamente, portanto, impõe-se que as modificações estruturais mais importantes sejam previstas e superadas antes de se tornarem um fator impeditivo da aceleração do desenvolvimento econômico. Esse é o objetivo básico do planejamento.

Há um argumento que nos parece irrespondível. É ilusão pensar que existe a alternativa planejar ou não planejar, pois a única alternativa que existe, na realidade, é planejar bem ou planejar mal. Uma administração federal, estadual, municipal ou mesmo privada não deixa de planejar simplesmente porque não registra de forma consciente as tarefas que terá de realizar no futuro. De uma forma ou de outra, o seu comportamento no presente condiciona a maneira pela qual ela terá de enfrentar os problemas no futuro, o que significa que a ação presente determina em grande parte a sua ação futura.*

Cinquenta anos mais velho e tendo vivido toda sorte de experiências, confesso que não vejo razão para mudar o que disse em 1963, apesar de a linguagem ser, obviamente, datada.

---

* Delfim Netto, "Planejamento para o desenvolvimento econômico", 1963.

Estado-Indutor

Publicado em 27 de maio de 2008

A ECONOMIA POLÍTICA É A COMBINAÇÃO de algum conhecimento objetivo (que dependendo da definição pode até ser "científico") com a nobre e indispensável arte de administrar, que desde Aristóteles tenta facilitar a vida dos homens e dos Estados que os dominam. Depois de tanta ênfase sobre as virtudes dos mercados, dada por uma suposta "ciência econômica", esta se defronta agora com um estranho comportamento dos Estados (que supõe não existirem!). Diante das dificuldades dos mercados, estes revelaram os reais objetivos que cinicamente sempre esconderam nos saraus literário-musicais elegantes e aparentemente civilizados na ONU.

Já ninguém (nem qualquer teoria) pode ignorar que todos os Estados — todos — buscam três autonomias: a alimentar, a energética e a militar. E os que têm autonomia militar manobram para subtraí-la dos outros. Não é possível que os "cientistas" não se sintam extravagantes quando tentam "ensinar" aos Estados Unidos que a boa teoria dos "preços certos" condena a produção de etanol a partir do milho. E isso tem lá qualquer importância se eles estão tentando recuperar, com incentivos para economizar energia e subsídios para substituir o petróleo, a autonomia energética perdida? As Forças Armadas dos Estados

Unidos consomem, hoje, 350 mil barris de petróleo por dia! É nesse mundo sórdido, que comete a heresia de submeter a "racionalidade" dos mercados à suja política de poder dos Estados, que deve ser julgada a política industrial-exportadora do governo Lula, que parte da ideia do uso do conhecimento e da inovação para aumentar a produtividade. Contra ela é irrelevante a crítica dogmática que repete lugares-comuns: "escolha dos vencedores", "distorção na alocação dos fatores", "preços relativos errados", "escolha equivocada dos exemplos históricos", "taxas de juros subsidiadas", "taxa de câmbio desvalorizada", "erros do passado" etc. Trata-se de pura retórica construída com a poderosa hipótese do "faz de conta que o mundo é assim" que é, em geral, suportada por duvidosa e precária pesquisa empírica.

De todas essas objeções, a menos robusta e mais contraditória reflete uma dificuldade lógica: o fato de a política industrial ter dado "certo" em alguns países e "fracassado" em outros não pode falar contra ela. Fala, apenas, que seu sucesso ou fracasso depende da estrutura econômica e social dentro da qual estará inserida e da qualidade das instituições e dos agentes que a vão pôr em prática. Pode perfeitamente fracassar, não porque o Estado-Indutor seja um erro em si mesmo, mas por incompetência do poder incumbente. Por que decretar a priori essa incompetência?

Não se trata de teoria. Trata-se de história. Não há um só exemplo de país que, diante de dificuldades de crescimento ou de desequilíbrio externo, não tenha em algum momento 1) estimulado a criação de "vantagens comparativas" utilizando o mercado interno como base para ganhar dimensão e eficiência no setor exportador, 2) controlado as importações de forma visível (tarifas) ou invisível (restrições administrativas) e usado o mercado que elas constroem para "aprender fazendo", 3) "escolhido" os vencedores (e perdedores) para absorver novas tecnologias e estimular a inovação, 4) colocado o Estado a estimular ativamente a pesquisa científica e tecnológica, 5) utilizado estímulos tributários (redução de imposto) e monetários (crédito e taxa de juro subsidiada) para desenvolver certos setores e 6) estimulado a melhor distribuição geográfica das atividades econômicas através de políticas regionais com transferência de renda, com crédito privilegiado e taxa de juro subsidiada.

ECONOMIA É COISA SÉRIA

A história econômica sugere que um Estado-Indutor, com uma política industrial ativa, pode ser fator coadjuvante importante no desenvolvimento econômico do país. É claro que uma política industrial, mesmo copiada das políticas mais bem-sucedidas, não é garantia de desenvolvimento se faltarem as condições objetivas: 1) respeito às identidades da contabilidade nacional, 2) empresários dispostos a correr o risco, devido ao conforto derivado dos "preços relativos errados", e 3) rigor e agilidade na administração do programa, o que exige a completa adequação institucional na sua execução. O contrafactual de que o desenvolvimento seria mais eficiente se realizado com os "preços relativos certos" estabelecidos pelo mercado supõe um mundo que não existe: a disposição dos empresários de aceitar os riscos do investimento! Analisemos o desenvolvimento da Inglaterra no século XVIII; o da Alemanha no século XIX e depois das derrotas na Primeira e na Segunda Guerra Mundial; do Japão até 1939 e após 1947; da Itália depois da Segunda Guerra; da Coreia, da China, da Índia e, mais recentemente, da Rússia de Putin e do Vietnã (e do Brasil!) para ver se foi feito apenas com "os preços certos" ou também com políticas criadas por um Estado-Indutor. Certamente houve erros e desperdícios visíveis a posteriori, mas sem os quais os "acertos" que produziram os benefícios do desenvolvimento jamais seriam conhecidos.

A proposta da política de desenvolvimento produtivo pode melhorar muito com a lógica (sem dogmatismo ou ideologia), com as sugestões e com as críticas dos economistas "cientistas" para o atendimento da "preferência revelada" na Constituição de 1988 por um razoável equilíbrio entre crescimento e equidade. Seu conhecimento é essencial para melhorar as instituições, o programa e a administração dele dentro das restrições políticas e econômicas do sujo mundo real em que temos de viver.

Tributação e crescimento

Publicado em 15 de maio de 2012

COMO A HISTÓRIA ENSINA, há aritméticas "desagradáveis" que impõem realismo às políticas sociais e econômicas com excessivo viés quer para o consumo (como é o caso brasileiro), quer para o investimento (como é o caso chinês). Elas sempre terminam de forma traumática quando não pressentidas e corrigidas no momento adequado. Há poucos dias a presidenta Dilma deu uma indicação precisa desse pressentimento quando afirmou que temos de reduzir e melhorar a qualidade de nossa estrutura tributária, sem prejudicar as políticas públicas civilizatórias. No fundo foi uma reafirmação do seu programa inaugural: "fazer mais com menos", ou seja, aumentar a eficiência do governo para acelerar o crescimento sem reduzir a política de inclusão social.

A carga tributária bruta do Brasil é, de longe, a mais elevada de todos os países que têm uma renda per capita parecida com a sua. E pior: 1) é absolutamente disfuncional, tributando demais os investimentos que são o crescimento futuro e as exportações que financiam esse crescimento sem criar problemas externos; 2) é absolutamente injusta e regressiva; 3) é, talvez, a mais complexa do mundo; 4) o fisco persegue apenas a "facilidade" da tributação, como é o caso generalizado do "contribuinte substituto", e 5) conserva o mau hábito que tinha justificativa quando havia hiperinflação: o imposto é recolhido antes de o produto ser faturado e seu valor ser recebido pelo produtor.

É sempre difícil (e contestável) estimar as consequências sobre a taxa de crescimento do PIB de um sistema tributário que não começou muito bem na Constituição de 1988 e foi cuidadosa e sistematicamente distorcido ao longo das últimas duas décadas. Mas é possível ter-se uma ideia das profundas modificações estruturais que ele produziu nas relações entre o Estado e o setor privado.

Para uma intuição física do que aconteceu desde então até 2011, imaginemos o PIB como uma mistura cujos componentes são, proporcionalmente, representados por todos os produtos produzidos no país. Suponhamos que em 1995 escolhemos uma unidade de medida que meça o PIB em cem unidades dessa mistura (que inclui proporcionalmente desde o mais simples produto ou serviço até o mais sofisticado equipamento de comunicação). Com um pouco mais de esforço, suponhamos que a população do Brasil (159 milhões de habitantes) no mesmo ano seja também dividida em cem unidades. Assim teríamos, em 1995, cem unidades de PIB produzidas por cem unidades de população, ou seja, "idealmente", uma unidade de PIB produzida por uma unidade de população.

Tomemos como base o ano de 1995. Como evoluíram o volume físico do PIB e a população até 2011? Usando os números do IBGE, o primeiro atingiu 161,9 unidades da mistura equivalente de 2005 (ignorando lentas mudanças produtivas estruturais). Se alguém quiser uma imagem mais "concreta", poderá simplesmente supor que em 1995 o PIB era igual a cem toneladas da tal mistura e em 2011 atingiu 161,9 toneladas. Estamos interessados em saber como foi apropriado pelo governo e pelo setor privado o aumento das 61,9 unidades da mistura (ou toneladas).

A tabela abaixo mostra isso de forma esquemática, usando as informações disponíveis. É evidente que uma parcela do que foi "apropriado pelo governo" voltou, sob seu comando, ao setor privado através das políticas sociais civilizatórias de redução da pobreza absoluta, da melhoria da distribuição de renda, do déficit da previdência e do pagamento dos seus serviços e investimentos, cuja eficiência e qualidade o governo precisa melhorar.

Apropriação do aumento do PIB

	1995	2011	Aumento (% ao ano)
PIB total	100	161,9	3,3
carga tributária bruta	28,9	36,2	1,5
PIB apropriado pelo governo	28,9	58,6	4,8
PIB apropriado pelo setor privado	71,1	103,3	2,5
população total	100	122,7	1,4
PIB per capita	100	131,9	1,9

FONTES: IBGE, IBPT.

A tabela mostra que tivemos um crescimento medíocre nos últimos quinze anos, da ordem de 3,3% ao ano. Como a população cresceu a 1,4% ao ano, isso nos deixou com um crescimento econômico per capita da ordem de 1,9%. A terceira linha da tabela mostra o único avanço robusto: o crescimento do PIB apropriado e distribuído pelo governo cresceu a 4,8% ao ano. Isso não pode deixar de ser preocupante do ponto de vista do crescimento econômico equilibrado, que depende, fundamentalmente, dos investimentos públicos que só agora parecem adquirir musculatura, com a decisão de cooptar o setor privado através de concessões. Na margem, o governo se apropriou e distribuiu 48% do ganho de 61,9 unidades do PIB sem que, praticamente, tenha aumentado o seu investimento.

Outro ponto significativo é que, desde 1995, a carga tributária bruta cresceu à taxa de 1,5% ao ano! O crescimento apropriado e distribuído pelo governo cresceu à taxa anual de 4,8%, impulsionado pelos seguintes fatores: 1) crescimento da população, 1,4%; 2) crescimento do PIB per capita, 1,9%; 3) crescimento da tributação, 1,5%. Não é necessária muita sofisticação para reconhecer que a produtividade do governo é menor que a do setor privado e que, portanto, o aumento exacerbado do setor público tende a reduzir a taxa de crescimento econômico e, no fim, do social. É preciso, portanto, que a sociedade dê suporte a uma necessária reforma tributária que, esperamos, o governo tentará implementar no futuro próximo.

Esquizofrenia hiperativa

Publicado em 2 de julho de 2013

A "VOZ DAS RUAS" ESTÁ LEMBRANDO aos governos do mundo as prioridades que eles esqueceram. No Brasil, que vive um processo civilizatório de profundidade e rapidez sem precedentes, a insatisfação se relaciona com a péssima qualidade dos serviços de transportes urbanos, o atendimento precário à saúde e o ensino público de má qualidade. E a voz das ruas exige o fim da corrupção, seja lá o que isso for. Em São Paulo, o problema da mobilidade urbana assumiu a condição de tragédia. Há três anos uma pesquisa mostrou a situação pré-incendiária na maior metrópole brasileira: mais de 1 milhão de paulistanos se obrigava, diariamente, a fazer o trajeto entre a casa e o trabalho caminhando, duas, três e até quatro horas. A maior parte por não poder pagar o preço das passagens e também porque, mesmo pagando, o tempo gasto não seria muito diferente. É razoável admitir, como condição "normal" de vida, que uma cidadã ou um cidadão gaste um terço do dia apenas para chegar ao local de trabalho e retornar à moradia geralmente à noite, muitas vezes de madrugada? Até quando tal ordem de coisas seria suportável?

O que os movimentos estão dizendo é apenas que há coisas mais importantes que os estádios esportivos: que os governos deveriam estar investindo ativamente em sistemas de transportes públicos para oferecer um mínimo de conforto à população que paga impostos. Para dar uma pequena quantificação desse descaso, basta lembrar que São Paulo tem menos que 75 quilômetros de metrô. Pois bem, um quilômetro de metrô custa em torno de 200 milhões de reais. Os provavelmente subestimados 15 bilhões de reais aplicados até agora em eventos esportivos significam 75 quilômetros de metrô, parte dos quais já poderia estar servindo à população.

O aumento da insatisfação pela má qualidade dos serviços públicos essenciais deveria ser visto com naturalidade, mesmo porque é menos um problema de recursos e mais um atributo da má gestão do governo. O lamentável é que a "surpresa" produziu nos poderes Executivo e Legislativo uma resposta esquizofrênica hiperativa, com ilusionismos, aprovação apressada e inconsequente de subsídios, de gastos e de promessas de imaginárias receitas futuras que, todos sabem, não caberão no PIB.

Eles provavelmente nunca poderão ser implementados, a não ser à custa da maior destruição fiscal, que levará — ao fim e ao cabo — ou a maior taxa de inflação e a maior déficit em conta-corrente (enquanto os credores tiverem paciência), ou, o que é pior, a alguma forma de restrição à liberdade individual com a qual já namoram alguns vizinhos latino-americanos.

O movimento das ruas é uma daquelas circunstâncias que levam a refletir sobre a natureza e o futuro da organização social em que vivemos. A história mostra: 1) que a utilização dos mercados para organizar a produção é resultado de um mecanismo evolutivo. O mercado não foi inventado por alguém. Foi gerado por uma seleção quase natural entre os muitos sistemas que os homens foram experimentando, desde que saíram da África há 150 mil anos, para combinar relativa eficiência na conquista de sua subsistência material com um aumento paulatino da liberdade para viver; 2) que, deixado a si mesmo, o mercado amplia as desigualdades e tende a gerar flutuações cíclicas no nível de emprego; 3) que um Estado forte, constitucionalmente limitado, e um poder incumbente escolhido pelo sufrágio universal são fundamentais para civilizar o mercado; e 4) que a crença na moralidade da intermediação financeira, essencial ao desenvolvimento produtivo, leva à submissão deste à primeira e, com tempo suficiente, ao controle do próprio Estado, como vimos em 1929 e 2008, o que exige forte regulação.

O mecanismo de seleção continua a trabalhar na direção de aumentar a liberdade do homem para viver a sua humanidade com a redução do trabalho necessário à sua subsistência material e dar-lhe segurança através do aperfeiçoamento da organização social que busca combinar três objetivos não plenamente conciliáveis: maior liberdade individual, maior igualdade de oportunidades e maior eficiência produtiva. É importante lembrar que esses três valores estão implícitos na Constituição de 1988. Ela reforçou as instituições para realizá-los. A história sugere, também, que o método de aproximações sucessivas através da dialética interminável entre a urna e o mercado, proposto pelo velho e ingênuo "socialismo fabiano", é, talvez, o único caminho assintótico para produzi-los. As alternativas de sua substituição voluntarista por cérebros peregrinos lotaram de tragédias o século xx: mataram a liberdade sem aumentar a igualdade ou melhorar a eficiência produtiva. A lógica é paciente porque sabe que é inevitável.

A sociedade mundial está inserida numa profunda revolução apoiada em novas tecnologias e no aumento dramático da transmissão e acumulação de informações. Ela vai produzir ainda maior redução do trabalho material e imenso aumento da liberdade individual, no sentido da mesma seleção "quase natural" que nos levou até aqui. No Brasil, as implicações desse novo passo civilizador precisam ser antecipadas por um dramático aumento da qualidade de nossa educação para elevar o espírito crítico dos eleitores. As exigências das ruas estão mostrando que ele é essencial para salvar a economia e, principalmente, a democracia...

Leviatã, obeso e perplexo

Publicado em 28 de abril de 2015

UM ESTADO CONSTITUCIONALMENTE controlado e capaz de garantir a liberdade de iniciativa individual, de promover uma relativa igualdade de oportunidades para todos os cidadãos e de regular a atividade dos mercados é indispensável para a construção de uma sociedade civilizada. Quando o poder incumbente, mesmo com a melhor das intenções, ignora as restrições físicas que condicionam a estrutura produtiva e não limita o voluntarismo distributivo, a ação estatal é estimulada. Incorpora um metafísico "élan vital" que o leva a se multiplicar ao mesmo tempo que parece conferir-lhe a onisciência e a onipotência necessárias para justificar a sua onipresença. A experiência histórica mostra que geralmente esse excesso de ativismo termina num Estado obeso, ineficiente e perplexo.

No final do governo Geisel, que enfrentou sérios problemas com a crise mundial do petróleo, a fim de se defender dela foi preciso fazer um "censo" para saber o tamanho que o Estado havia atingido. Foi criada uma secretaria (a Sest) para conhecer e limitar a capacidade de se reproduzir que é parte do DNA das empresas estatais. No governo Figueiredo houve um pequeno esforço para reduzir aquela obscura cissiparidade (no Brasil e no exterior), acompanhado de tímida tentativa de

ECONOMIA É COISA SÉRIA

aprendizado com pequenas privatizações, ao lado de um esforço, com o ministro Helio Beltrão, para reduzir o nível de exigências burocráticas.

O primeiro grande movimento — infelizmente muito tumultuado — para dar maior funcionalidade ao Estado foi no governo Collor. Prosseguiu nas privatizações do governo FHC após o sucesso da estabilização monetária produzida pelo magnífico Plano Real, que aliás nunca terminou, por não se ter realizado o "ajuste" fiscal necessário.

O processo foi claramente interrompido desde a octaetéride de Lula. Necessitamos hoje de um novo "censo" para saber qual é o verdadeiro tamanho do Estado brasileiro depois desses doze anos, nos quais algumas secretarias foram promovidas a ministérios. Na contagem de um grande conhecedor das entranhas do governo, o jurista Cid Heráclito de Queiroz, que durante muitos anos foi o consultor jurídico do Ministério da Fazenda, temos hoje nada menos do que: 39 ministérios, um terço dos quais mal sobreviveria como discutíveis secretarias; 128 autarquias; 34 fundações e pelo menos 140 empresas estatais, todos devidamente "aparelhados" com companheiros de passeatas pelo PT e pelos partidos do "presidencialismo de coalizão", que hoje nem preside nem coaliza.

Mas é preciso dizer que o aparelhamento vem de longe. A nomeação dos companheiros de passeata pelo PT, como a dos companheiros de tertúlias literárias pelo governo do PSDB, foi uma contribuição para a biologia governamental. Criou uma forma extravagante de altruísmo seletivo: protege excessivamente os filhotes quando há predadores à vista. O que resta saber é se produziu uma mutação genética que incorporou no DNA da espécie o perigoso nepotismo que alimenta a leniência e a ineficiência, mas garante a sobrevivência da espécie...

Diante do fantástico tamanho do Estado — que controla 35% do PIB como receita tributária, registrou déficits fiscais da ordem de 3,3% do PIB nos últimos dez anos, acumulou uma dívida bruta de 65% do PIB e devolve serviços de péssima qualidade —, é muito difícil convencer a sociedade de que não há qualquer espaço para programar uma consistente racionalização a médio prazo das despesas públicas e comprometer-se com a sua execução. E, pior, de que não há espaço para desmontar a bomba atômica previdenciária que nos espera no futuro visível.

64

Essa intrusão mal pensada do Estado nas atividades econômicas e o total descuido com o investimento público estão na origem da redução do nosso crescimento quando comparado com o dos outros países emergentes. A tabela abaixo mostra com clareza a ineficiência do nosso setor público, ao apresentar um ranking de competitividade global comparando 144 países. A posição média dos oito países emergentes selecionados é 90ª, enquanto a nossa é 136ª. Nosso Estado é muito pior que o deles. Já o nosso setor privado ocupa o 36º lugar, enquanto o desses oito países ocupa em média o 56º. Nosso setor privado é muito melhor que o deles.

Ranking de competitividade entre 144 países

Público		Privado	
Brasil	Média de oito países*	Brasil	Média de oito países*
136º	90º	36º	56º
Muito pior		Muito melhor	

FONTE: World Economic Forum — The Global Competitiveness Report, 2014-5.
* Argentina, África do Sul, Chile, Colômbia, Índia, México, Peru e Turquia.

As medidas são imprecisas e mesmo arbitrárias, mas dificilmente podem deixar dúvida de que a exagerada transferência de recursos do setor privado para o setor público é um dos fatores que reduziram o nosso crescimento econômico e, num prazo mais longo, acabará reduzindo, também, o nível de bem-estar da nossa população.

Igualdade de oportunidades

Publicado em 8 de março de 2016

O GRANDE OBJETIVO DO QUE CHAMAMOS a sociedade civilizada é proporcionar a todos os seus membros uma relativa "igualdade de oportunidades". Isso exige um Estado forte, constitucionalmente controlado, que além de garantir as liberdades individuais seja capaz de cooptar o setor privado para ajudá-lo a sustentar o maior nível de emprego possível sem violar o equilíbrio interno (uma inflação baixa e pouco volátil) e o equilíbrio externo (um déficit em conta-corrente sustentável). Ele assegurará, também: o direito de todo cidadão à saúde e à educação — não gratuita, como dizem seus detratores, mas para todos e paga por todos através de mecanismos tributários gerais. É preciso insistir: quando consideramos a sociedade como um todo, não há nada grátis! Isso, entretanto, é essencial para reduzir as diferenças do aparato de apreensão do mundo dos indivíduos, o que implica, no caso da saúde, que ela deve começar pela proteção da gestante, e que essa nivelação seja complementada pela mitigação das transferências intergeracionais de patrimônio, o que reduzirá as diferenças produzidas pelo acidente histórico e geográfico do local do nascimento de cada um. Com isso se homogeneizarão, relativamente, os atributos de todos os indivíduos no início de suas vidas ativas na sociedade.

O Estado assegurará ainda programas de inclusão dos menos favorecidos pela sorte. Se podem e querem trabalhar, eles devem receber apoio para desenvolver proficiência funcional e encontrar emprego remunerado que lhes permita, com seu próprio esforço, alcançar a cidadania, e se têm restrição física de qualquer natureza, que sejam apoiados por programas que lhes deem o mínimo de conforto e estimulem a sua inclusão na sociedade; finalmente, àqueles que no passado não tiveram a oportunidade porque não existiam mecanismos institucionais, ou não puderam poupar para garantir um nível de vida digno na aposentadoria, é preciso dar algum apoio financiado por impostos gerais.

O sucesso de tal programa depende, por sua vez:

1. de um Estado enxuto que dissipe na própria atividade a menor quantidade possível de recursos, seja eficiente, transparente, capaz de regular e encarar amigavelmente a atividade econômica privada e dar-lhe as garantias contratuais inerentes ao Estado de direito. É isso que estimulará o "espírito animal" do empresário e o induzirá a investir;

2. da compreensão de que, no curto prazo, a redistribuição (o consumo) compete com o investimento, de forma que há de haver uma parcimoniosa harmonização entre eles, para que ambos sobrevivam no longo prazo. Redistribuição sem investimento (isto é, sem crescimento) termina na miséria geral; crescimento econômico sem aumento do consumo (redistribuição) só pode ser conseguido no socialismo "real", que, sabemos, produz a pobreza material e o confisco da liberdade individual;

3. da introjeção de que o desenvolvimento econômico depende, basicamente do aumento persistente do investimento líquido, que amplia o estoque de capital e a oferta, e da integração do sistema produtivo nacional ao mercado mundial através das exportações;

4. do nível da receita do governo, que é o resultado do PIB físico multiplicado pela percentagem da carga tributária bruta que sobre ele incide. É preciso lembrar, sempre, que o que pode ser fisicamente distribuído depende da parte do PIB físico que é apro-

ECONOMIA É COISA SÉRIA

priada pelo governo como imposto retirado da atividade privada. Isso tem consequência sobre o comportamento dos agentes na satisfação de suas necessidades (o consumo) e na sua disposição de investir para aumentar a capacidade produtiva.

A sociedade que proporciona um aumento permanente da igualdade de oportunidades exige, portanto, que o "excedente" de bens e serviços que é capturado pelo Estado por meio de mecanismos tributários seja redistribuído através de programas bem focados que reduzam as diferenças entre os níveis de consumo dos indivíduos e das famílias e lhes proporcione incentivos adequados para alcançar a sua plena cidadania. Lembremos que o objetivo da atividade econômica é a ampliação do consumo de cada um e de todos, o que significa que na sociedade civilizada o que precisa ser relativamente homogeneizado é o nível de consumo, o que recomenda uma tributação progressiva sobre o consumo e a desoneração dos investimentos, como sugeriram Stuart Mill no século xix e Nicholas Kaldor no século xx.

É aqui que o círculo fecha. Para fazer crescer o "excedente", é preciso que o investimento líquido cresça e aumente a capacidade produtiva, ou seja, que cresça a oferta de bens e serviços pelo aumento persistente da produtividade do trabalho. A "igualdade de oportunidades" gerada pela redistribuição voluntariosa do que já foi produzido através do aumento arbitrário do salário real e do crédito só sobreviverá se acompanhada de vigoroso e sustentável esforço de investimento. Sem isso a sociedade civilizada será uma ilusão. Uma impossibilidade física...

Protagonismo irrecuperável

Publicado em 10 de maio de 2016

POR MAIOR QUE SEJA O NOSSO RESPEITO pela pessoa da presidenta Dilma Rousseff, é impossível rejeitar a hipótese de que ela colhe as consequências acumuladas dos equívocos econômicos cometidos a partir de 2012. Em 2011 ela fez uma excelente administração. O PIB cresceu 3,9%; o nível de desemprego foi reduzido a 6%; o índice de desigualdade de Gini caiu; as despesas do governo federal com relação ao PIB foram mantidas no mesmo nível da média do quadriênio anterior; o rating soberano do Brasil foi elevado pelas agências S&P e Moody's; o superávit primário foi de 2,9% do PIB; o déficit nominal do setor público foi de 2,5% e a relação dívida bruta/PIB caiu de 51,8% para 51,3%!

De 2012 em diante, Dilma praticou uma política voluntarista mal projetada e com execução ainda pior. Revelou uma nova face: a angústia curto-prazista que namora o mesmo velho populismo que sempre dá errado no longo prazo. A intervenção no setor de energia foi insensata (reduziu o preço aos consumidores no curto prazo, sob o aplauso da sociedade, exibido nas pesquisas do Datafolha). Seu custo foi a destruição das empresas do setor, prejuízos monumentais para o Tesouro Nacional e o fantástico aumento de tarifa posteriormente convertido em rejeição ao governo no Datafolha. A intervenção na taxa de juros não foi melhor: não deu ao Banco Central o suporte fiscal para ampará-la. Dilma atingiu o máximo de sua popularidade de curto prazo quando estava no máximo de seus erros de longo prazo. Os futuros mandatários deveriam recolher essa lição: o apoio que o intervencionismo insensato obtém no curto prazo — revelado nas pesquisas de opinião — é apenas a antecipação da rejeição que nelas colherão no longo prazo.

O resultado foi que Dilma terminou o seu primeiro mandato, em 2014, com números muitos ruins. O PIB cresceu 0,1% nesse ano e o PIB per capita foi negativo; a indústria foi destroçada; houve um déficit em conta-corrente insustentável, de 104 bilhões de dólares (4,3% do PIB); a taxa de juros Selic, que por um ato de vontade havia sido reduzida a 7,25% em 2012, subiu para 11,75%. Pela primeira vez depois do mandato inicial de Fernando Henrique o superávit primário foi negativo (−0,6% do PIB). O déficit nominal do setor público atingiu 6,1% do PIB (o dobro dos três anos anteriores). A relação dívida bruta/PIB iniciava uma dinâmica (cresceu de 51,7% em 2013 para 57,2% em 2014) que iria assustar a todos os agentes econômicos nos anos seguintes. Tudo isso causou a perda do rating da S&P em 2014, que seria seguida posteriormente pelas outras agências.

Para qualquer observador imparcial, era evidente que Dilma tinha pouca probabilidade de ser reeleita. Incorporando a ideia de que o primeiro dever do governo é continuar governo, ela decidiu convocar o "diabo"! Seus marqueteiros competentemente superaram tudo que se havia visto até então em campanhas eleitorais na falta de respeito à verdade e na desqualificação dos adversários. Mostraram as "maldades" que os adversários de Dilma aplicariam se fossem eleitos. No segundo turno, ela foi eleita com pouco mais de um terço dos votos dos eleitores que jogaram fora o seu voto porque não entenderam que o segundo turno não existe para escolher seus preferidos, mas o menos pior entre os dois que restaram do primeiro turno...

O primeiro ato de Dilma depois de reeleita deixou perplexos seus eleitores. Ela escolheu, sem ao menos dar-lhes alguma satisfação, o programa econômico do adversário que havia demonizado! Para executá-lo, chamou um competente economista cuja concepção do mundo é antípoda à do partido que a sustentava (quando lhe é conveniente...).

O ESTADO, O MERCADO E AS URNAS

Foi instantaneamente abandonada pela maioria dos que lhe haviam depositado a sua confiança. Enfraquecida e sem credibilidade, decidiu promover uma guerra com a Câmara dos Deputados tentando intervir na eleição do seu presidente. Fracassou. A combinação das tolices econômicas com a absoluta indisposição para o exercício da política tirou-lhe todo o protagonismo. Na ida ao Congresso, na abertura de seus trabalhos de 2016, perdeu sua última oportunidade de recuperá-lo: em lugar de levar propostas concretas, para as necessárias mudanças constitucionais, para pôr o Congresso a trabalhar, preferiu prometê-las. No país de são Tomé, ninguém a levou a sério.

A situação é muito grave. Entre os últimos trimestres de 2014 e de 2015, o PIB caiu 6%; o desemprego atingiu 11 milhões de trabalhadores; o déficit do setor público ameaçava repetir os 10% do PIB de 2015 e o déficit primário caminhava para 2% do PIB. Pior, a relação dívida bruta/PIB reforçou sua dinâmica preocupante: de 57% no final de 2014, ameaça atingir 74% em 2016, e, se nada mudar, talvez 80% em 2017. Essa é, talvez, a principal razão pela qual as agências vêm rebaixando a nota soberana brasileira numa rapidez preocupante. A Fitch, a mais paciente com o Brasil, não quis perder a corrida e nos tirou no dia 5 de maio mais um grau no mundo especulativo em que já estamos, igualando-se à S&P e à Moody's.

Não há a menor esperança de que o governo possa recuperar o seu protagonismo e dar à sociedade alguma esperança. Nada é mais significativo do que a fria recepção ao excelente Plano Safra 2016-7, da competente ministra Kátia Abreu. Infelizmente é preciso mudar.

A Temer o que é de Temer

Publicado em 10 de janeiro de 2017

OS CRÍTICOS MAIS RADICAIS do programa que vem sendo executado pelo ilustre presidente Temer entregam-se a uma histeria verbal cacofônica com altos decibéis, mas pouca razão. No fundo, explicitam apenas a enorme dor que sofrem com a perda dos recursos públicos... Fingem ignorar que boa parte das medidas já era necessária e sugerida (mas não praticada!) nos governos Sarney, Collor, FHC, Lula e, particularmente, Dilma. Apenas para lembrar: depois do fracasso do Plano Cruzado, os ministros de Sarney não imploraram em vão pelo controle das despesas? Collor não foi eleito para cortar as despesas com os "marajás"? Depois do enorme sucesso do Plano Real, mas antes de quebrar em 1998, FHC preocupou-se com o equilíbrio fiscal? Lula levou adiante o fundamental *"aggiornamento"* da CLT que estava no seu programa? Aceitou Dilma as propostas do ministro Mantega em 2013 e 2014 para controlar as despesas públicas enquanto pensava desesperadamente na sua reeleição? As propostas de Mantega, aliás, foram recuperadas, aliás, em 2015, pelo ministro Levy quando Dilma buscou — sem sucesso — restabelecer a aliança com os eleitores que havia traído.

Era tarde! A tragédia não tinha mais como ser escondida. No primeiro trimestre de 2016 confirmou-se que o PIB de 2015 havia caído

3,8% e a taxa de inflação, mesmo reprimida, saltara para 10,7%. Na confusão letal colhemos o segundo rebaixamento dos ratings soberanos da S&P e o primeiro da Moody's.

O ano de 2016 começou com um novo ministro da Fazenda, Nelson Barbosa, e uma visita de Dilma ao Congresso, da qual muito se esperava. Decepcionou. Sugeriu, apenas, a volta da CPMF (esquecida pela enorme vaia que levou) e pediu a prorrogação da DRU, desvinculação das receitas da União. É bom dizer que esta só foi aprovada no governo Temer, e, ridiculamente, sob feroz oposição dos deputados que a haviam apoiado com Dilma. A partir de março ficou evidente que o governo perdera, completamente, a sua capacidade de administrar o país. As "previsões" catastróficas para a economia no ano iam se confirmando e a Fitch completou o trabalho das agências de rating: rebaixou o Brasil, agora definitivamente, do "grau de investimento" arduamente conseguido em passado não muito distante.

Sob enorme pressão, a presidenta apoiou um programa bastante razoável sugerido pelo novo ministro: um teto para as despesas primárias da União e mudanças na seguridade social. Reconhecia, também, a necessidade de controlar as despesas e melhorar a gestão na educação e na saúde, mas acreditava impossível fazê-lo.

A situação política do país continuou a agravar-se. Como resultado da sua falta de protagonismo e de um apoio parlamentar mínimo, Dilma foi afastada, provisoriamente, em maio. O longo processo de impeachment foi tumultuado. Seus opositores consumiram energia tentando caracterizá-lo como um "golpe" constitucional, em lugar de responder às acusações objetivas feitas a Dilma. Temer, ainda na interinidade, construiu uma base política e escolheu para seu ministro da Fazenda Henrique Meirelles, que durante os oito anos de Lula comandara o Banco Central.

Pois bem. O programa de Meirelles em sua arquitetura é muito parecido com o de Nelson Barbosa, que nem sequer chegou a ser apresentado por Dilma devido à sua visceral indisposição para o exercício da política. Temer, ao contrário, é um velho e treinado político que conhece e gosta de exercitar sua arte. Começou por onde Dilma terminara: coordenou uma espécie de parlamentarismo de ocasião que vem aprovando, apesar das dificuldades estruturais que cercam a atual conjuntura nacional, o que parecia impossível.

É claro que semelhanças arquitetônicas não escondem diferenças na forma de ver o mundo dos dois programas. O importante, entretanto, é que eles não diferem no reconhecimento da absoluta necessidade de dar um fim aos descalabros fiscais, aprovar algumas reformas estruturais, superar a contabilidade "criativa" e o voluntarismo inconsequente posto em prática a partir de 2012 (quando Dilma atingiu o auge da sua aprovação nas pesquisas de opinião) e os danos causados pela insensata (mas bem-sucedida!) tentativa de reeleição, em 2014.

Deixemos de lado a hipocrisia e tentemos, por alguns instantes, ser honestos. Quase tudo o que está sendo proposto por Temer (e esperemos que seja aprovado) já era uma necessidade visível nos governos Sarney e FHC. Foi reconhecido no primeiro mandato de Lula, inclusive com sugestões interessantes (a modernização da CLT, o fim do imposto e da unicidade sindicais, a política de déficit zero), logo abandonadas porque Dilma, na ocasião chefe da Casa Civil, decidira que "gasto público é vida".

O que faltou, então? Talvez grandeza para empenhar o eventual prestígio passageiro que a sorte de cada um lhe conferiu numa sociedade com eterno viés curto-prazista. O paradoxo é que parece ser preciso alguém com pouca aprovação no curto prazo para propor e aprovar aquilo de que ela necessita no longo prazo. Infelizmente, a verdadeira revolução implícita na reforma constitucional sobre o limite dos gastos públicos não foi, ainda, introjetada pela maioria dos brasileiros.

De onde partimos
e aonde chegamos

Publicado em 23 de maio de 2017

SÓ INSENSATOS NÃO VEEM que o Brasil precisa, urgentemente, de reformas, depois da tragédia de trinta anos de governos que oscilaram entre aceitáveis e medíocres. Com boa intenção, levaram o país de volta à condição de fornecedor de alimentos e matérias-primas para os países desenvolvidos. Não é possível esquecer que nos anos 1970 tínhamos uma indústria sofisticada (opinião do Banco Mundial), cujas exportações cresciam ao ano 15% mais do que as exportações mundiais de manufaturados! Temos sempre insistido que o míope liberalismo cambial que só existe nos livros-textos com hipóteses utópicas, quando posto em prática, determina a estrutura produtiva do país. Foi o que nos aconteceu nos últimos trinta anos. Esquecemos que ele só funciona quando a soma da taxa de juro real interna com a taxa de risco do país é parecida com a taxa de juro real mundial. Quando isso não existe, a taxa de câmbio se transforma num ativo financeiro que serve à especulação e nada tem a ver com a economia real. Diante do quadro lamentável em que nos encontramos, alguém tem coragem de afirmar que uma sociedade de 210 milhões de indivíduos pode ser próspera exportando apenas alimentos e matérias-primas? Nossa agricultura e nosso setor de produção de matérias-primas são bastante eficientes e representam cerca de 50% das nossas exportações, o que significa que em condições normais de temperatura e pressão fazem o mesmo papel do café, que determinava a taxa de câmbio quando representava 70% da receita cambial.

Isso é o que foi alterado a partir de 1966. Na média dos anos 1983-5 a produção de café estimulada pelo governo cresceu 33% em relação à média de 1966-8, mas a sua importância nas exportações tinha caído para menos de 10%. O que aconteceu? A expansão da soja e de outros produtos agrícolas deu-se com aumento de produtividade graças à ação do governo. Essa expansão foi acompanhada por um programa de estímulo à produção industrial com uma política horizontal (câmbio estimulante e previsível, crédito à exportação e diplomacia de comércio). Em 1984 a composição das nossas exportações era assim: produtos básicos, 32%; produtos industrializados, 67%. Depois do terremoto do petróleo, que nos pegou de calças curtas devido ao absolutismo do general Geisel (não por falta de aviso), superamos o problema do déficit em conta-corrente já em 1984, à custa de uma forte recessão de 1981 a 1983, que reduziu o PIB em 2,1% por ano. O ajuste foi seguido por uma recuperação forte com um crescimento médio do PIB de 6,9% entre 1984 e 1986. Levamos vinte anos para negociar a dívida externa, o que prejudicou nosso crescimento, por conta de uma infantilidade do ministro da Fazenda Dilson Funaro, que, autorizado por Sarney, decretou, abruptamente, um default. Revelou uma arrogância e um voluntarismo pouco amigável que liquidaram sua credibilidade junto à banca.

Com o apocalipse que foi o Plano Cruzado, do presidente Sarney, inaugurou-se a farsa extremamente custosa de controlar o câmbio para reduzir a inflação. Ela foi seguida por todos os governos até hoje. Reduziu a taxa de crescimento do PIB para uma média, de 1985 a 2016, de 2,6%.

Há milhões de narrativas possíveis — mais "elegantes", mais "científicas", mais "dialéticas" ou mais "enganadoras" — para esta brutal realidade: trinta anos de políticas econômicas entre razoáveis e medíocres nos levaram, puxados pelo nariz pela China, de volta à situação de colônia do mundo: fornecedores de alimentos e matérias-primas e desprezando a verdadeira indústria que não vive de benefícios do go-

O ESTADO, O MERCADO E AS URNAS

verno. Pelo contrário, ela foi sacrificada por juros escorchantes e câmbio valorizado. É comendo que se prova o pudim, e o gosto de tudo isso é muito amargo.

A história destes últimos trinta anos mostra que, provavelmente, Deus desistiu do Brasil! Temos tido uma infelicidade atrás da outra... A morte de Tancredo nos deu Sarney, que jogou fora a oportunidade de um parlamentarismo em que as crises se resolvem com um voto de confiança. Collor entrou com uma fúria liberal e confiscou toda a liquidez; fez algumas coisas positivas (abriu o mercado, ainda que descuidadamente, liquidou a praga dos "Institutos") e um enorme mal, ao transformar todos os funcionários celetistas em estatutários. O impoluto Itamar Franco foi exceção e fez o que tinha que fazer para que se pudesse construir a estabilização monetária. FHC promoveu privatizações e a estabilidade monetária com uma pequena joia, o Plano Real, mas não cuidou do problema fiscal; tentou algumas mudanças, mas o destino operou; por um voto equivocado perdeu a reforma da Previdência e desinteressou-se dela. Lula fez algumas reformas, mas se esqueceu de acabar com a unidade e o imposto sindicais que prometera; ao contrário, sacralizou o sistema e livrou-o de qualquer controle social. Dilma tentou as reformas, mas fracassou por falta de um forte apoio político. E Temer se empenhou desde o início na aprovação das reformas.

Em 33 anos, de quatro presidentes eleitos, dois sofreram impeachment. Todos terminaram os seus governos sem reforma, enquanto o Brasil se deteriorava. Temer, o sétimo, foi o único que, de fato, teve a coragem de priorizar as reformas. O STF precisa julgar com a maior rapidez as suspeitas delações, porque a incerteza ameaça levar ao colapso a sociedade brasileira.

A ECONOMIA
E SUAS TRIBOS
Uma discussão de teoria econômica

Produto potencial

Publicado em 20 de fevereiro de 2001

CAUSA PERPLEXIDADE A FIXAÇÃO freudiana das autoridades monetárias (no mundo, não apenas as nossas) com a estimativa da taxa de crescimento do "produto potencial". O conceito foi "inventado" em 1962 pelo grande economista Arthur M. Okun. Destinava-se a dar resposta à questão: qual é o volume de bens e serviços que o sistema econômico pode produzir nas condições de pleno emprego?

Os anos de 1955 a 1964 foram generosos com os economistas. Métodos estatísticos ingênuos permitiram a descoberta de duas relações que pareciam dar sólida base empírica à ciência econômica. Em 1958, observando os dados ingleses de 1861-1957, o neozelandês Alban Phillips encontrou uma relação empírica entre as variações dos salários nominais e a taxa de desemprego (a curva de Phillips). Em 1962, usando dados americanos, Okun encontrou uma relação que ligava o produto potencial ao produto atual através da taxa de desemprego (a curva de Okun) e estimou que a taxa de desemprego que igualava os dois era de 4%. A curva de Phillips foi intensamente escrutinizada; sobrevive numa nova encarnação usando variações da taxa de inflação, em lugar dos salários. A curva de Okun resistiu mais bravamente e continua sendo uma das relações empíricas mais regulares.

Intuitivamente, o produto potencial é o nível do PIB real ao qual a economia convergiria quando eventuais choques de demanda se dissipassem. Entende-se, então, por que a diferença (o chamado *gap*) entre o PIB real atual e o potencial é uma variável fundamental. A curva de Okun determina (pelo *gap*) a variação do nível de desemprego, e este (mais a expectativa de inflação) determina, pela curva de Phillips, o nível da inflação. Caricaturalmente, quando a demanda global é superior ao PIB potencial, desenvolvem-se tensões inflacionárias: pela curva de Okun a taxa de desemprego cai; isso tende a elevar os salários nominais e os preços. O resultado é uma pressão inflacionária.

Mas é justamente aqui que começam os problemas: há dúvidas se o objeto do desejo é real ou um ectoplasma. Se a estimativa de crescimento do produto "potencial" é inferior à "verdadeira" (por exemplo, subestima-se em 4% o verdadeiro crescimento potencial que é de 6%), a vida do banqueiro central é cômoda: mantém mais alta a taxa de juros e atinge com êxito a taxa de inflação programada. Recebe os aplausos do distinto público do setor financeiro. Quem paga a conta são os produtores e os trabalhadores do setor de parafusos, roubados de suas oportunidades de crescimento.

A taxa de desemprego que igualava produto atual e produto potencial para estabilizar a taxa de inflação passou, posteriormente (não importa discutir as razões), a ser estimada em 6,5%. Desde 1996 competentes e importantes economistas sugeriam que Alan Greenspan deveria aumentar "preventivamente" a taxa de juro básica. Apoiado na sua intuição e nos informes do seu estafe, ele resistiu: a taxa de desemprego chegou aos 4% e não houve aceleração inflacionária! Qual teria sido o desperdício de recursos se a economia fosse obrigada a crescer 2,5% ao ano em lugar dos 4,4% dos últimos cinco anos?

Como o próprio Okun chamou atenção, o produto potencial é o resultado da economia como ela existe naquele instante: o nível de tecnologia, a qualidade da tributação, a educação, habilidade e saúde dos trabalhadores potencialmente disponíveis, o estoque e a qualidade de capital, os recursos naturais e as instituições. Ele difere do PIB real realizado porque a demanda global não encontrou o nível adequado. É importante reconhecer que a não utilização de todo o potencial produtivo num determinado ano acaba influenciando o do ano seguinte, porque se realizam menos lucros, menos consumo e menos investimento.

Desde Okun, dezenas de métodos para estimar o PIB "potencial" foram construídos. Alguns são meras identidades deduzidas de funções de produção (sujeitas a inúmeras restrições) ou ajustamentos dos dados do PIB atual por "filtros" sofisticados. Há, ainda, um grave problema: os *gaps* (os desvios entre o PIB atual e o "potencial") contêm, também, uma componente aleatória, de forma que não é fácil saber qual a verdadeira significância do desvio. Tudo isso recomenda que o Banco Central faça seus estudos, mas use-os com *granus salis*, obedecendo ao velho postulado de Brainard: "Quando você não sabe o que está fazendo, faça devagar, por favor".

Monetaristas e desenvolvimentistas

Publicado em 25 de junho de 2002

A TENTATIVA DE SEPARAR OS economistas em duas tribos rivais, os monetaristas e os desenvolvimentistas, é mero expediente semântico que constrói espantalhos para serem combatidos mais facilmente. Os monetaristas atacam dizendo que os adversários são irresponsáveis e que defendem o "desenvolvimento a qualquer custo, o que, afinal, não produz desenvolvimento, mas sim inflação". Os desenvolvimentistas, de sua parte, respondem que os adversários querem "a estabilidade como um fim em si mesmo, como uma espécie de satisfação estética que impede o desenvolvimento".

Na verdade, os economistas das duas tribos tiveram a mesma formação, obtida nas mesmas escolas (nacionais e estrangeiras), estudaram pelos mesmos livros e, do ponto de vista do que se considera a "ciência econômica", tendem a admirar os mesmos autores. Os monetaristas são portadores da velha tradição de uma sociedade mais harmoniosa que descobriu no mercado uma forma de organização econômica eficiente e que permite a liberdade individual. Ela funciona melhor quando o Estado respeita as suas "leis naturais", mantém a ordem, proporciona a justiça, busca o rigoroso equilíbrio orçamentário, regula o processo competitivo e tem como objetivo fundamental preservar o bem público mais importante: a estabilidade do valor da moeda. Essa sociedade produziria o desenvolvimento econômico como a abelha produz mel: naturalmente! Os desenvolvimentistas concordam com quase tudo, mas são um pouco mais céticos com relação à ausência do Estado no processo de desenvolvimento. Não pretendem substituir o mercado, mas creem que em circunstâncias próprias e especiais podem ajudá-lo a superar problemas alocativos quando, por exemplo, existem economias de escala. Nenhum deles sugere que se pratique uma política protecionista que desconsidere as vantagens comparativas ou as virtudes da competição.

A diferença entre eles está na concepção do mundo: os chamados desenvolvimentistas não creem na capacidade da sociedade de produzir o desenvolvimento econômico sem uma participação mais ativa do Estado. Em outras palavras, o desenvolvimento, que é sua prioridade, não é o resultado natural e necessário da simples estabilidade dos preços, que é a prioridade dos monetaristas. Cabe ao Estado (respeitadas as regras da economicidade) um papel decisivo na preparação da mão de obra, na infraestrutura, no estímulo à pesquisa e no financiamento da inovação. Há outra diferença muito importante: os monetaristas creem (apoiados na sua própria crença) que as vantagens comparativas são produto da natureza, uma dádiva divina; os desenvolvimentistas creem (com uma boa dose de suporte empírico) que elas podem ser criadas.

É a separação entre essas concepções do mundo que produz as diferenças na aplicação da teoria econômica. São elas que vão informar a política econômica que estimula ou não o desenvolvimento. Não há a menor possibilidade de dizer que monetaristas e desenvolvimentistas estão certos ou errados. A diferença reside na valorização do desenvolvimento: para os primeiros, ele é o resultado natural da própria estabilidade, logo, um objetivo secundário; para os segundos, ele é o objetivo primordial que não decorre naturalmente da estabilidade e que pode, e deve, ser estimulado por uma ação consciente e cuidadosa do Estado.

A octaetéride fernandista é um exemplo claro dessa diferença. Toda a política econômica foi voltada para a estabilidade, fazendo questão de manifestar, como forma de "modernidade", o seu desprezo pelo crescimento econômico que "viria depois, naturalmente", gestado pelo mer-

ECONOMIA É COISA SÉRIA

cado triunfante. Oito anos são passados e o viés anticrescimento dessa política nos deixa uma precária estabilidade, uma herança terrível de baixo crescimento, de desmontagem do setor exportador e de desestímulo à produção nacional por falta de crédito.

O resultado final de recusar, até meados de 2001, uma ação mais razoável do Estado foi um crescimento econômico ridículo de 2,4% ao ano entre 1995 e 2002. Isso produziu um desemprego assustador, ao qual certamente não é estranho o aumento da criminalidade que gerou a insegurança pessoal que nos apavora: ganhamos a liberdade do mercado, mas perdemos a liberdade de viver...

Desenvolvimento endógeno

Publicado em 9 de setembro de 2003

NA TEORIA DO DESENVOLVIMENTO endógeno, ao contrário dos modelos clássico e neoclássico, o limite do crescimento econômico está menos nos fatores físicos do que no fator humano, que se aperfeiçoa pelo processo educativo. Utilizando parte do investimento total anual no capital humano e na sua capacidade de criação e invenção, a sociedade endogeniza, ao mesmo tempo, a qualidade da mão de obra e o progresso técnico. Com isso aumenta, também, a qualidade do capital físico, pela incorporação de nova tecnologia. Tudo em benefício do aumento da produtividade da mão de obra, que é, por definição, o desenvolvimento econômico.

Alguns economistas insistem na ideia de que o desenvolvimento depende apenas da "poupança" que deveria anteceder a acumulação do capital físico, do capital humano e da possibilidade de incorporar novas tecnologias. Trata-se, obviamente, de um modelo reducionista que produz o desenvolvimento por necessidade: tendo "poupança", há investimento e crescimento! Para crescer, entretanto, é preciso mais do que fatores objetivos ou "poupança". É preciso estimular a imaginação e a ação de empresários ousados cujo "espírito animal" tomará risco e gestará novas combinações produtivas. Pode-se dispor de todos os in-

ECONOMIA É COISA SÉRIA

gredientes para produzir o desenvolvimento — mão de obra educada e sadia, razoável infraestrutura, impostos parcimoniosos, ciência básica adequada, disponibilidade de crédito e pesquisa tecnológica e poupança (até forçada...) — sem que se obtenha um crescimento eficiente e duradouro, como provaram as economias do "socialismo real". As pesquisas empíricas não cessam de acumular evidências de que a "poupança" provavelmente sucede ao crescimento, em lugar de antecedê-lo.

Todas elas mostram, também, que o nível de educação (não apenas o número de anos de escolaridade, mas a qualidade do ensino) é, no longo prazo, um dos fatores mais importantes para a determinação da taxa de crescimento dos países, por sua influência múltipla em todos os fatores. Quando o país é submetido a um processo de globalização acelerada, a importância da educação aumenta ainda mais. Os setores mais modernos que vão crescer mais depressa exigem em geral menos mão de obra (porém mais qualificada) por unidade de produto. Se o país não construiu uma rede de proteção pela educação acelerada e um estímulo ao rápido crescimento do "resto" da economia, a pobreza e a desigualdade crescerão com a globalização. É preciso, portanto, acelerar dramaticamente a qualidade do ensino e estimular a criação de uma massa crítica que integre a universidade, os institutos independentes e as empresas na busca da qualidade científica e de novas tecnologias.

A história mostra, consistentemente, que as sociedades que permitiram a seus membros livre iniciativa e que eles se apropriassem dos benefícios dessas iniciativas cresceram mais depressa e com maior liberdade individual. Isso sugere que em lugar de importar cegamente a política econômica dos países hoje desenvolvidos, dever-se-ia dar maior ênfase à construção das instituições que ao longo do tempo produziram o crescimento daquelas economias.

Quais os fatores limitantes do processo de desenvolvimento? Isso depende da história de cada país. Quando toda a mão de obra já está empregada, a única forma de crescer é aumentando a sua produtividade, o que se faz com mais educação e aceleração da substituição do velho estoque de capital por novos investimentos. Isso aumenta a relação capital/trabalho e incorpora tecnologia superior decorrente, de novo, do investimento em educação.

A ECONOMIA E SUAS TRIBOS

Uma segunda limitação é que o aumento da produção e da produtividade exige que se complemente a produção interna com a importação de bens e serviços (que incorporam a tecnologia já desenvolvida no exterior), importação que tem que ser paga com a exportação. Quando a troca se faz livremente atendendo às condições das vantagens comparativas, aumenta ainda mais a capacidade de se produzir um desenvolvimento eficiente, ou seja, com um aumento mais rápido da produtividade da mão de obra.

Mas quando se dá o "surto de desenvolvimento"? O esquema parece mecânico, mas o desenvolvimento é um "estado de espírito". Ele se realiza quando uma liderança capaz de produzir paz interna, tributação parcimoniosa e razoável prestação de justiça (como queria Adam Smith em 1755) desperta o *animal spirit* do empresariado que vê, no futuro, promissores bons lucros. Trata-se de um processo "infeccioso" que se autoalimenta: cada novo investimento ou aumento da produção cria demanda para outro investimento ou ampliação da produção, e assim por diante, cada um ampliando sua oferta e a demanda de outros...

A política econômica tem que cuidar para que a infecção não eleve indevidamente a febre (inflação) e não produza uma hemorragia mortal (déficit insustentável em conta-corrente), porque, na emergência de uma ou outra, o processo tem que ser abortado pelo aumento da taxa de juro real.

O progresso da teoria econômica

Publicado em 14 de fevereiro de 2006

NUNCA A CORPORAÇÃO DOS economistas esteve tão convicta de que é portadora de uma ciência exata capaz de aconselhar os governos, os empresários e os trabalhadores sobre como devem se comportar para obter, respectivamente, a "boa governança" estatal, empresarial e o máximo de bem-estar da sociedade. Nunca, também, houve tanta dúvida externa (e interna!) sobre essa possibilidade que afinal é o próprio objetivo da economia política desde a sua origem, e que foi assim resumido por Adam Smith no final do século XVIII:

> A economia política considerada como um ramo da ciência dos estadistas e legisladores propõe-se dois objetivos: 1) proporcionar ao povo um bom rendimento e uma abundante subsistência ou, melhor ainda, dar-lhe as condições para que ele mesmo o faça, e 2) proporcionar ao Estado recursos para que possa cobrir suas necessidades e realizar obras públicas indispensáveis. Em poucas palavras, ela se propõe enriquecer, ao mesmo tempo, o povo e o soberano.*

---

* Adam Smith, *A riqueza das nações* (1776), introdução do livro IV. Tradução livre.

Antes dessa definição e depois dela, centenas de outras foram propostas, mas nenhuma com a mesma felicidade ao captar o essencial para o desenvolvimento econômico: 1) a atitude amigável do poder público (a garantia da propriedade e a legitimidade da apropriação do resultado por quem o produziu); 2) a ênfase em que a subsistência seja obtida pelo próprio agente (e não pelo assistencialismo estatal) e 3) o fato de que o Estado deve ter os recursos para produzir os bens públicos que só ele pode produzir: segurança interna e externa, razoável prestação de justiça e obras cuja taxa de retorno social é maior que a privada.

Smith sugeriu que o conjunto dos agentes econômicos, atendendo ao seu próprio interesse e coordenados pelo mercado, levaria a uma espécie de "ordem natural", com um sistema de preços que harmonizaria o interesse de todos. Essa hipótese extremamente fecunda deu origem ao famoso *Homo economicus*, que contrabandeou para a economia parte dos teoremas da mecânica racional. Alguns ainda permaneceram disfarçados em parte da teoria neoclássica moderna. Já em 1900 o *Nouveau dictionnaire d'économie politique*, de Say e Chailley, consignava: "Da mesma forma que a geometria elementar, a economia política também tem seus axiomas: 'o homem procura obter o máximo de riqueza com o menor esforço'".* Disso ao agente (*Homo economicus*) imortal, amoral, plenamente racional, com preferências bem organizadas, em busca permanente do extremo (máximo ou mínimo), com informação perfeita e conhecimento divino do cálculo diferencial que cultuamos hoje, foi um passo. À medida que os economistas aprenderam mais matemática foi possível extrair daquela racionalidade abstrata proposições cada vez mais interessantes, mas de utilidade duvidosa para atingir os objetivos descritos por Adam Smith.

O fato interessante é que, com seu poderoso axioma "cada um procura maximizar suas vantagens e minimizar os seus custos" — do qual nem Marx se livrou completamente —, a economia abandonou a política e tornou-se apenas *"economics"*, ou, na forma mais pomposa, "teoria econômica". Tornou-se uma ciência imperialista e amoral e

---

* M. Léon Say e M. Joseph Chailley (orgs.), *Nouveau dictionnaire d'économie politique*. Paris: Guillaumin: 1900, p. 768.

ECONOMIA É COISA SÉRIA

foi invadindo com seu método as outras ciências sociais. Impôs já no início do século XIX uma psicologia sem conteúdo empírico. Invadiu a sociologia, a história, a geografia, a antropologia e a arqueologia e, com a fecundidade do axioma que facilitava a sua formalização matemática, chegou a tornar-se a "rainha das ciências sociais". A verdade, entretanto, é que ela, numa larga medida, transformou-se num ramo bastardo da matemática aplicada.

A vingança das "ciências escravizadas" está acontecendo. A pouco e pouco elas foram corroendo a coerência e a existência empírica do poderoso axioma. Hoje ele está sob o ataque empírico cerrado de um novo ramo da ciência que estuda o funcionamento do cérebro, chamado ciências cognitivas, que, por falta de melhor nome, os economistas estão chamando de "economia cognitiva".

Uma das vantagens das novas pesquisas é que o analista pode determinar (através de um exame de ressonância magnética) qual é a "zona do cérebro" que responde a cada estímulo particular: racional ou emocional. Há duas conclusões preliminares, mas que vão se confirmando a cada nova pesquisa: 1) a análise das decisões em matéria econômica está mais frequentemente relacionada às zonas ligadas às emoções do que àquelas supostamente ligadas à racionalidade, e 2) há uma rejeição completa da uniformidade de comportamento do suposto *Homo economicus*.

Isso põe em sério risco a teoria neoclássica e suas duas grandes simplificações: o agente representativo imortal que maximiza num intervalo infinito (e ilide o problema da agregação) e os modelos de "expectativa racional".

Em compensação, parece confirmar a intuição do velho Keynes, para quem o "espírito animal" dos empresários é mais movido pela emoção (o investimento depende, fundamentalmente, da "expectativa do crescimento") do que pelo cálculo racional.

A teoria econômica avançou: de um agente egoísta, onisciente e amoral (o axioma original) para um agente mais frágil que modera seu egoísmo com algum altruísmo e moralidade. E reconhece a precariedade do seu conhecimento diante de um futuro incerto. É cada vez mais evidente a necessidade de uma síntese neoclássica keynesiana para cumprir o ideal de Adam Smith.

O compromisso fiscal

Publicado em 8 de agosto de 2006

A ECONOMIA POLÍTICA DEVE ser um tipo de conhecimento que ajude a sociedade a organizar-se de forma a obter, simultaneamente, plena liberdade individual, eficiência produtiva e uma relativa igualdade entre seus membros. Ela é uma "ciência" moral, que cuida não apenas do que é, mas também do que deve ser. Ao buscar a eficiência produtiva, tem de levar em conta os valores morais e a construção de instituições que tornem possível uma convivência pacífica e enriquecedora entre os membros da sociedade, estimulando a tolerância, o altruísmo e, talvez, até a misericórdia.

Na "ciência econômica", os economistas têm toda a liberdade para construir os seus modelos e sugerir instituições. O resultado desse labor, entretanto, não pode ser um mero exercício de um ramo bastardo da matemática. Em algum momento eles têm de suportar o duro teste de não serem rejeitados nem pelos fatos, nem pelo sufrágio universal. É o resíduo desse processo que transforma a ciência econômica na economia política que vai informar a política econômica. Esta é complicada porque o seu objeto muda com a evolução histórica, às vezes por conta dela mesma. Os agentes econômicos, por sua vez, aprendem continuadamente e têm a capacidade de antecipar (não conhecer!) o

ECONOMIA É COISA SÉRIA

futuro. Disso resulta que o conhecimento da economia evolui e, com ele, a política econômica.

O exemplo mais claro desse processo é o controle da taxa de inflação. Nos anos 1970, o "estado da arte" recomendava o controle de preços e de salários (até os Estados Unidos, pressionados pela estagflação, aderiram ao programa). Depois do reconhecimento teórico (e empírico) do papel das "expectativas" e da impossibilidade de explorar, no prazo médio e longo, o *trade-off* entre taxa de inflação e taxa de desemprego, a política monetária evoluiu, lentamente, para o que hoje é o estado da arte: um Banco Central autônomo que controla a taxa de juro nominal de curto prazo na esperança de determinar a de longo prazo e que pode, ou não, usar explicitamente o sistema de "metas inflacionárias". A diferença fundamental entre os anos 1970 e os anos 1990 foi o abandono do câmbio fixo e a liberação dos movimentos de capitais. A realidade mudou, a teoria econômica incorporou essa mudança e a economia política conformou uma nova política monetária.

As crises de balanço de pagamentos dos anos 1980, ligadas à violência e à rapidez com que os capitais entram e saem dos países, colocaram em marcha um volume importante de pesquisas teóricas (construções de modelos que mimetizam as crises) e empíricas para entender o fenômeno da suspensão instantânea da entrada de capitais, como ocorreu com o Brasil no segundo semestre de 2002. Hoje vivemos o mesmo fenômeno com o sinal trocado, que supervaloriza o real para obter uma oportunística redução da taxa de inflação. Aquelas alterações bruscas estão em geral ligadas à mudança da percepção dos investidores com relação à solvabilidade das dívidas interna e externa do país.

Eliminar a liberdade de movimento de capitais não parece ser uma solução ótima, porque em condições normais de temperatura e pressão (quando a taxa de juro real interna é próxima à externa) é essa liberdade que permite ao país tomar emprestado nos anos difíceis e devolver nos anos mais prósperos, estabilizando o consumo. Quando a relação exportação/PIB é baixa (como no caso brasileiro), mesmo variações de pequena monta na entrada de capital exigem amplas variações da taxa de câmbio real, o que requer um cuidado ainda maior com o mix de políticas fiscal e monetária.

94

Os fatores mais importantes para a eliminação das crises internas e externas que prejudicam a taxa de crescimento do país são a garantia de uma política fiscal sólida, uma política monetária consistente, a existência de um sistema financeiro hígido e uma política de câmbio flutuante. Política fiscal sólida é a que garante a redução da relação dívida líquida/PIB para nível sustentável com superávits primários razoáveis que dependem do crescimento do PIB e da taxa de juro real. Política monetária consistente é a que garante taxa de juro real interna próxima à internacional, o que facilita o equilíbrio da taxa de câmbio real.

As dificuldades surgem porque dúvidas sobre a solvabilidade produzem, ao mesmo tempo, queda do crescimento, aumento da taxa de juro real e da taxa de câmbio real, o que exige um superávit primário ainda maior. Portanto, quer no combate à inflação, quer na eliminação das crises externas, é crítico e preliminar o papel do equilíbrio fiscal. Esse é o compromisso inarredável que a sociedade deveria exigir de todos os candidatos à presidência.

Política econômica

Publicado em 15 de agosto de 2006

NÃO É CONVENIENTE DEIXAR DE insistir que boa parte do que alguns dos nossos economistas revendem como "a" ciência econômica não passa de um fervoroso amor pela ideologia hegemônica que incorporaram durante os duríssimos cursos que realizaram aqui e no exterior. O que esquecem é que seus modelos tentam retratar economias que não cessam de evoluir. Não há modelos gerais independentes das instituições e válidos para qualquer tempo e qualquer lugar, a não ser os exercícios matemáticos. Estes são muito úteis, mas insuficientes para a formulação da política econômica.

Ainda que se aceite a fantástica hipótese da imutabilidade da natureza humana, é óbvio que o comportamento do homem não é invariante com relação à evolução das instituições, e reciprocamente. A aceitação da racionalidade do comportamento maximizante dos agentes econômicos não assegura a sua universalidade, principalmente agora que ela está sendo, cada vez mais, erodida pela psicologia. É evidente que a teoria monetária de 1910 não pode ser a de 1950 e esta, muito menos, a de 2006, porque: 1) os homens aprendem, 2) as instituições evoluem endogenamente e 3) eles e elas interagem.

Se o sistema econômico é condicionado pelo tempo histórico e sua vinculação com o resto do mundo é limitada por sua situação no espaço geográfico, como supor que a política econômica conveniente é a informada pela mais recente "teoria econômica" dos países desenvolvidos? Como aceitar, sem nenhuma dúvida, a atemporalidade da teoria e sua invariância geográfica? É claro que conceitos fundamentais da microeconomia se aplicam a qualquer momento (no tempo e no espaço). Mas eles são, apenas, o resultado da matemática da otimização. O mesmo ocorre, aliás, no nível macroeconômico, com o equilíbrio orçamentário, que é apenas uma garantia aritmética para espantar o demônio faustiano da emissão de moeda e o endividamento exagerado. Esses conceitos, entretanto, não são suficientes para determinar o sentido e os limites da política econômica que tem como objetivo *político* maximizar a taxa de crescimento da economia com equilíbrio interno (baixa inflação) e externo (equilíbrio em conta-corrente), ao mesmo tempo que reduz as desigualdades.

Não é possível deduzir logicamente desses princípios que, independentemente do tempo e do espaço, a melhor política econômica é a plena liberdade de movimento dos capitais, a mais irrestrita abertura comercial, a redução absoluta do tamanho do Estado, a total ausência de políticas públicas que estimulem a atividade econômica ou a cega obediência ao mercado. Ainda que tais princípios sejam muito convincentes quando as circunstâncias são adequadas. A história econômica dos países hoje desenvolvidos (que às vezes fingem aceitar as regras anteriores) mostra toda sorte de intervenção dos seus Estados na produção de bens, na pesquisa científica, no desenvolvimento tecnológico, no fornecimento de estímulo através das compras governamentais e no financiamento de investimentos de grande futuro e extremamente arriscados.

Quem tiver dúvida deve observar o comportamento do governo americano. Há mais de dois séculos ele pratica uma sistemática política de segurança alimentar e segurança militar. A proteção à agricultura americana não é apenas questão econômica. É política. E não no sentido menor do termo "político" (atender aos eleitores), mas no seu sentido maior: ela procura a garantia do abastecimento interno sob as mais severas condições externas. A segurança militar levou os Estados Unidos, desde suas origens, a proteger e manter no seu território a produção de aço. O recentíssimo projeto Guerra nas Estrelas incorpora o mesmo objetivo. É por isso que, aproveitando sua situação hegemônica, os Estados Unidos não fizeram a menor concessão ao Canadá no Nafta. Mantiveram sua legislação antidumping e a têm aplicado sem remorsos.

O suporte às atividades privadas de pesquisa e a integração fábrica–laboratório na produção e incorporação de novas tecnologias são "marcas" americanas. Foi notável, por exemplo, o suporte governamental à indústria bioquímica. As atividades militares sempre foram um incentivo imenso ao desenvolvimento de novos produtos que depois revolucionaram as aplicações do setor privado. A internet é apenas o último exemplo. Inteligentemente e há muito tempo, o governo americano tem estimulado a concorrência, mas dado preferência às empresas nacionais (às vezes de pequeno porte e grande risco, mas promissoras) nas suas compras.

É por isso que não se pode deduzir, do contrabando da ideologia para dentro da "teoria econômica", que qualquer política pública de estímulo à produção, à pesquisa, à proteção do mercado ou à substituição de importações é perniciosa. Perniciosa, mesmo, é a ideologia hegemônica importada que, em nome de uma certa "ciência", esquece a história e a geografia!

Uma crise a cada nove meses

Publicado em 29 de janeiro de 2008

OS MODELOS QUE OS ECONOMISTAS construíram para mimetizar o funcionamento do sistema econômico são úteis e mesmo indispensáveis para organizar nosso pensamento diante da complexa (às vezes caótica) realidade. Com formidáveis hipóteses simplificadoras: 1) um sistema produtivo que consiste na ligação simples entre o produzido (em geral um único produto que representa a miríade de bens e serviços) e os fatores de produção; 2) um único consumidor com preferência conhecida (que representa a miríade de consumidores); 3) uma relação contábil que mostra a dinâmica da formação do estoque de capital; e 4) um comportamento maximizante dos agentes que lhes permite simular como evolui no tempo o volume produzido (que por analogia seria o PIB).

Esses modelos mostram que o sistema produtivo tem uma tendência endógena de flutuação. Quando submetidos a choques aleatórios, reproduzem movimentos cíclicos com período (frequência) e amplitude (profundidade) variáveis. É assim mesmo numa economia sem o instituto do crédito e sem um mercado em que se transaciona o ativo representativo do capital físico. A introdução desses elementos financeiros sugere que as flutuações podem mudar de frequência e de profundidade. No limite, eles podem perturbar a evolução da produção real de tal forma que

ECONOMIA É COISA SÉRIA

passam a controlá-la introduzindo "ciclos" de otimismo e pessimismo. O ciclo de otimismo tende a convergir ou numa "bolha" que mais dia menos dia acaba se autodissolvendo, ou numa interrupção do fluxo de financiamento produzido por algum fato que gera uma desconfiança que paralisa o crédito. Nos dois casos, depois de ter acelerado o desenvolvimento da economia real (aquela que produz os bens e serviços físicos e determina o nível de emprego), ela cobra um preço alto na forma de uma recessão pelo "exuberante" estímulo que produziu.

Ignorando o fato de que estamos passando de uma situação construída num modelo teórico para a realidade em que vivemos, parece possível afirmar que a história econômica desde a época napoleônica mostra que em toda grande interrupção do sistema produtivo real nunca faltou a importante contribuição do sistema financeiro. É o caso a que estamos assistindo com os descuidados créditos subprime do setor imobiliário americano.

A tendência do sistema financeiro é assumir vida própria. Ele surgiu para auxiliar o funcionamento do sistema produtivo e terminou por dominá-lo. É notável, também, sua capacidade de criar sacerdotes que estabelecem a religiosa "ideologia dominante" (com o perdão do velho Gramsci), ou seja, a crença na inutilidade e prejudicialidade de qualquer tentativa de controle dos mercados. O fato é que o sistema financeiro parece incapaz de controlar os seus próprios agentes. Estes, na verdade, obedecem a um único princípio: realizar o maior lucro possível, no menor tempo possível, embolsar os bônus e cair fora...

As instituições financeiras recusam a necessidade de um controle externo em nome da ineficiência e atraso do progresso operacional que geraria, mas não têm sido capazes de manter sequer o controle interno sobre seus agentes. A prova cabal disso é que entre 1987 e 2007 contam-se pelo menos 29 fraudes ou abusos de confiança de agentes financeiros que tiveram repercussão internacional. Algumas levaram à falência instituições centenárias, como foi o caso do Barings Bank. Essa frequência não revela uma substancial melhora dos controles internos, como se vê na tabela abaixo, com o número de fraudes mais conhecidas e de repercussão internacional (algumas até sobre a economia real):

100

A ECONOMIA E SUAS TRIBOS

Fraudes no sistema (entre 1987 e 2007)

Período	Número de fraudes
1987-90	1
1991-5	8
1996-2000	8
2001-7	12
21 anos	29

FONTE: Wikipédia, *List of Trading Losses* (incluídos Crédit Agricole e Société Générale).

É demais! Uma fraude, ou na melhor hipótese uma imperícia desastrosa em busca de "bônus", produziu um desastre de dimensão internacional a cada nove meses! Espera-se que um resultado positivo da crise atual seja um importante aperfeiçoamento dos mecanismos de controle internos e, principalmente, do sistema financeiro. O primeiro em seu próprio interesse. O segundo em benefício do uso eficiente de sua sofisticação operacional sem prejudicar o sistema produtivo com as frequentes perturbações que tem produzido no seu curso.

Os fatos revelam a falsidade da ideologia, propagada pelos "sacerdotes", de que toda e qualquer regulação estatal (quer na economia real, quer na financeira) é maléfica. Em primeiro lugar, a verdade é que não existe exemplo na história econômica mundial que aponte um país desenvolvido ou em vias de desenvolvimento com sucesso que não tenha sido estimulado por uma política industrial-exportadora proativa. Em segundo lugar, é clara a ausência de um imperativo moral categórico nas atividades financeiras (em si mesmas e em seus agentes) que possa garantir a completa desregulação. É a ausência desse princípio que exige a coerção da lei (isto é, a intervenção estatal) para obrigá-las a respeitar o interesse social.

Substituição de importação

Publicado em 15 de julho de 2008

É TRISTE ASSISTIR AO ESCOLÁSTICO debate entre economistas estadofóbicos e estadólatras. De uma certa forma ele reproduz pobremente a velha disputa Gudin–Simonsen dos anos 1940-50. Eugênio Gudin sabia infinitamente mais economia do que Roberto Simonsen. Mas este sabia uma pequena coisa: transformar ideias em ação, às vezes transgredindo o que seria a "boa teoria". Foi assim basicamente que, com erros, desperdícios e acertos, transformou-se o Brasil do paraíso com a propensão natural "racionalmente agrícola" das vantagens comparativas, preconizado por Gudin, no inferno "irracional" do sistema industrial sugerido por Simonsen. Da mesma forma que nossos agricultores, banqueiros e industriais, que com preços "errados" acumularam seus patrimônios, o Brasil, acumulando erros, saltou de 48ª para a 8ª economia mundial com um enorme aumento de emprego e do consumo. Isso não prova que ele escolheu o melhor caminho. Agora que o futuro opaco é passado, a análise de tal transformação sugere que provavelmente poderia ter feito melhor. É uma pena que o futuro só chegue tarde. Como é óbvio, a caricatura não faz justiça ao sofisticado pensamento do professor Gudin, e o desenvolvimento não foi obra de Simonsen.

A maior parte do que se chama de "política de substituição de importações" no Brasil é puro mito: construção a posteriori para justificar medidas extremas gestadas por um insuportável estado de necessidade. E, às vezes, apenas tolices imperiais... É claro que os subsídios e estímulos artificiais geram "preços errados" (quando comparados com os de um modelo de equilíbrio geral que produz "preços certos" em condições menos gerais do que parece). Mas, quando a situação é desesperadora pela falta de divisas (por exemplo, a falta de um parafuso importado impede o funcionamento de um trator, o que diminui a produção e aumenta os custos da soja), o que fazer? Quando a falta de componentes importados compromete toda uma linha de produção, reduz as horas trabalhadas e a produtividade, aumenta o custo do trabalho e acirra os atritos relacionais dentro da fábrica, o que fazer?

A falta do produto importado tinha imensos custos sociais e econômicos bem visíveis. E qual seria o custo social dos "preços errados" que estimulariam a substituição do produto importado? Que fatores de produção (já empregados) teriam de ser deslocados da sua atividade atual para produzi-la? Que produção da fábrica (se estivesse a plena carga) seria sacrificada para produzir o novo componente? A resposta é: muito pequena! Existia mão de obra disponível (desemprego) e sempre há alguma capacidade ociosa. Em poucas palavras: a produção de componentes com os preços "errados" não sacrificaria a produção física realizada com os preços "certos". Na verdade, permitiria que ela se realizasse. É essa disponibilidade de fatores, ignorada na teoria dos preços "certos", que reduz o custo social da substituição das importações, quando esta não é produto da insensatez imperial...

É claro que a qualidade dos produtos (pelo menos no início do processo) será inferior e os seus preços serão superiores aos dos substituídos, o que certamente reduzirá o bem-estar dos consumidores. Mas mesmo aqui a avaliação do custo do processo é difícil, porque a redução do bem-estar dos já consumidores teria de ser comparada com o aumento do bem-estar dos novos consumidores, surgidos com os empregos gerados na substituição de importação, o que exigiria uma duvidosa comparação interpessoal de utilidade. O máximo que se pode dizer é que terá havido uma transferência de renda. Mas, sem os "novos" consumidores, os "velhos" também teriam redução de renda, porque a falta de importação reduziria o PIB.

Para dar apenas um exemplo. Nos idos de 1980, no auge da segunda crise do petróleo e sob a pressão do ajuste da economia americana por Paul Volcker, todos os países emergentes que dependiam da importação do produto quebraram, inclusive o Brasil. A escassez de divisas era tal e o crédito tão difícil que cem dólares de importação de qualquer produto comprometiam a importação de cem dólares de petróleo, da qual dependiam mortalmente a produção e o transporte no Brasil. A pedido do governo, o então presidente da Fiesp, Luiz Eulálio de Bueno Vidigal Filho, se dispôs a convocar uma centena de industriais, muitos do interior de São Paulo. A eles foi apresentada uma lista de produtos, partes e componentes importados para que sugerissem o que poderiam produzir internamente se recebessem alguns incentivos: crédito do Banco do Brasil, taxa de juros subsidiadas, tarifas alfandegárias protetoras etc.

A resposta foi surpreendente. Em pouco mais de um ano essa produção substituiu perto de 70 milhões de dólares de importações (sem redução da produção original de cada um), que, bem ou mal, ajudaram a manter funcionando o resto da estrutura produtiva do país. Hoje, pelo menos um terço daqueles empresários que tomaram o risco está aí, como exportadores competitivos e suportando os ônus de uma política cambial produzida pelos preços "certos", utilizada oportunisticamente para combater a inflação. A base do mercado interno, e o conhecimento e a tecnologia adquiridas no fazer (o famoso *learning by doing*), transformou-os em eficientes produtores e lhes abriu o mercado externo.

Com os preços "certos", eles provavelmente não existiriam. São resultado do "desespero" da crise cambial que motivou a ação do Estado-Indutor. Nada do que se disse prova que a "teoria dos preços certos" seja errada; é claro que teria sido muito melhor se a situação fosse outra: se houvesse abundância de divisas e os mercados fossem perfeitos. Esse contrafactual tinha apenas um pequeno pecado: ele não existia!

A economia é coisa séria

Publicado em 5 de maio de 2009

EM TOM DE BRINCADEIRA, definiu-se a economia como a mais artística de todas as ciências e a mais científica de todas as artes. Mas o que é a economia? A dificuldade de definição envolve a nebulosidade do seu objeto. No fundo, como disse o professor Alfred Marshall, que lhe deu o nome de economia (*"economics"*, em lugar do até então tradicional *"political economy"*), ela objetiva a análise e a compreensão do comportamento da humanidade na sua forma costumeira de ganhar a vida. Ela é um sistema de organização do pensamento para entender a ação dos indivíduos na sua atividade econômica e auxiliar o Estado a escolher os caminhos mais adequados para manter em relativa harmonia o comportamento coletivo.

Durante muito tempo fui honrado com convites do colégio Dante Alighieri para participar de uma interessante experiência anual que ocupava um sábado. Destinava-se a ajudar os estudantes que iriam prestar o vestibular a escolher sua profissão. Como subproduto, dava-nos a oportunidade de encontrar inteligências excepcionais que se transformavam em verdadeiros objetos cobiçados de cooptação profissional.

Para mostrar o objeto e o encanto especial da economia, eu pedia aos ouvintes que largassem livremente o lápis que tinham na mão e verificassem, sem nenhuma surpresa, que ele caía ao chão. A pergunta era: por que isso acontece? A resposta pronta da maioria era que tal resultado era produto da gravidade. Eram mesmo capazes de determinar a velocidade, a aceleração e o tempo que o lápis levara para chegar ao chão. Vinha então a provocação: há alguém capaz de "explicar" (isto é, de entender e medir) como esse lápis veio parar na sua mão? Como foi possível você ir à loja (o mercado) e comprar o lápis (basicamente uma manipulação de madeira e grafite) que satisfaz às suas necessidades escolares? Quem teve a ideia de produzi-lo (o empresário)? Como foi que ele o produziu (problema técnico)? A quem ele estava pensando satisfazer com sua produção (o consumidor)?

A economia procura organizar o nosso conhecimento para entender alguns fenômenos misteriosos como este: por que alguém decidiu plantar uma árvore (talvez na Malásia) para fornecer a madeira? Por que alguém produziu o grafite (talvez na Alemanha) utilizado no lápis? E, acima de tudo, como alguém (o empresário), anos depois, teve a ideia de juntar esses elementos numa inovação (um novo produto) que supunha seria útil (o lápis) e correu o risco de produzi-lo na esperança de vendê-lo em qualquer esquina (o mercado)?

Tentar explicar esse fenômeno levou os economistas a, em dois séculos (desde o último quartel do século XVII, quando o pai da economia política Adam Smith publicou o seu famoso *A riqueza das nações*), construírem um sofisticadíssimo aparato teórico apoiado na matemática. Esse ramo do conhecimento, a que se dá o nome de microeconomia, é extremamente útil para que o processo produtivo seja eficiente (fabricar a maior quantidade de produto com uma dada quantidade de insumos: mão de obra, madeira e grafite) e corresponda aos desejos dos consumidores. Mas a explicação desse mistério não esgota a economia.

Para sobreviver, a sociedade precisa de uma organização — o Estado — capaz de prover alguns bens públicos — ordem, segurança, justiça, infraestrutura, assistência aos desvalidos e estabilidade do valor da moeda — que o sistema de mercado não pode produzir. Para financiar os seus serviços o Estado cobra um imposto sobre tudo o que é produzido. Estabelecer o sistema tributário, dar-lhe justiça, eficiência e equanimidade, é outro objeto da economia. No lápis do nosso exemplo, o imposto vale no Brasil cerca de 40%. Isso significa que, no lápis de dezessete centímetros que cada um tem na mão, nada menos do que sete foram apropriados pelo Estado!

Com um nível tão grande de recursos em suas mãos, o Estado acaba exercendo uma influência decisiva na distribuição e no consumo de todos os bens e serviços produzidos pela coletividade (o chamado Produto Nacional Bruto) e no volume de emprego. Estudar as consequências da ação do Estado na captura desses recursos (tamanho, natureza e qualidade dos impostos) e nos seus dispêndios (gastos com custeio, assistência social, investimento e emprego) é objeto de outro ramo da economia, a macroeconomia.

Com todas as dificuldades ainda existentes, é inegável que a economia avançou muito na compreensão do papel conjunto do setor privado e do Estado na boa condução da política econômica. Eles devem cumprir o papel de maximizar a eficiência produtiva dentro de um ambiente de robusto crescimento econômico e do nível de emprego, de estabilidade do valor da moeda e do controle do endividamento interno e externo. Recusar esses conhecimentos classificando-os como "produto ideológico da teoria neoclássica", como parece ser a inclinação atual de algumas tribos de economistas, transforma-as num bando de perigosos jejunos.

Políticas públicas

Publicado em 12 de julho de 2011

HÁ UMA SAUDÁVEL DISCUSSÃO entre os economistas sobre os objetivos de longo prazo que devem orientar as políticas públicas a fim de assegurar o contínuo processo civilizatório inscrito na Constituição de 1988. Esta é reverenciada, às vezes, não sem uma ponta de ironia, com o pomposo nome de "contrato social" e, outras vezes, estigmatizada como "utopia irresponsável".

Mas, afinal, quais são os objetivos que devem ser perseguidos por uma sociedade decente? No mínimo, a melhoria continuada da qualidade da vida de *todos*. Isso explica por que os economistas estão procurando um índice para medir o "bem-estar" (felicidade) das sociedades. Talvez ela exija uma estrutura política bem organizada, com estímulo ao aumento da produtividade da mão de obra, com o uso de políticas públicas eficientes e bem focadas e a incorporação dos avanços tecnológicos.

O desenvolvimento econômico, codinome do aumento da produtividade da mão de obra, é apenas condição necessária (aumento dos recursos) para cumprir os verdadeiros objetivos de sociedade: eliminar a pobreza absoluta; melhorar a qualidade do capital humano, pelo aumento de sua qualificação; reduzir as desigualdades; universalizar o acesso aos serviços sociais (genericamente saúde e educação) etc. Isso

A ECONOMIA E SUAS TRIBOS

exige uma política redistributiva inteligente e determinada, capaz de calibrar adequadamente a necessidade do crescimento produtivo eficiente com a obrigação da inclusão sistemática dos menos favorecidos.

Pois bem, a Constituição de 1988 — gostemos ou não dela — "revelou a preferência" da sociedade brasileira numa organização social baseada em três pilares: 1) uma estrutura republicana sintetizada no desejo de que todos os cidadãos sejam submetidos à mesma lei (inclusive o eventual e passageiro poder incumbente) e disponham dos mesmos direitos sob a vigilância de um Supremo Tribunal que foi blindado com todas as garantias para fazer justiça e resistir à miopia que frequentemente domina o ruído das ruas que quer vingança; 2) uma escolha democrática do poder incumbente pelo sufrágio universal e direto, em eleições absolutamente desimpedidas que se realizam em prazos bem estabelecidos, admitindo-se apenas uma reeleição; e 3) uma política pública que atenda aos objetivos descritos acima e dê ênfase à continuada inclusão social pela construção de instituições que levem à igualdade das pessoas, independentemente da natureza, da etnia e da riqueza do espaço em que tenham sido geradas.

Numa organização competitiva, cuja maior virtude é combinar liberdade individual com eficiência produtiva, como é a economia de mercado em que vivemos, a justiça social deve fazer-se no ponto de "partida" (igualdade de oportunidades para todo cidadão) e não na "chegada", que depende da sorte e do acaso, o DNA. A ênfase da Constituição não exige igualdade absoluta, mas a construção de instituições e políticas sociais que, a pouco e pouco, diminuam os efeitos das circunstâncias que cercaram o instante de geração de cada futuro cidadão.

O papel do economista é entender que precisa usar sua arte e engenho para mostrar à sociedade que existe uma limitação clara entre as velocidades com que se pode atender simultaneamente aos dois objetivos (crescer e reduzir as desigualdades), exatamente porque no curto prazo elas são constrangidas pela disponibilidade física de recursos. Se cresço mais hoje, tenho mais recursos para distribuir amanhã. No prazo um pouco maior, o crescimento e a redução das desigualdades são mais do que compatíveis: no regime republicano e democrático, se não reduzirmos as desigualdades logo abortaremos o crescimento! A

109

história mostra, por sua vez, que a tentação de distribuir o que ainda não foi produzido sempre termina muito mal: na aceleração da taxa de inflação e no déficit em conta-corrente não financiável.

Qual deve ser, então, o papel do poder incumbente? Primeiro, organizar políticas públicas que não se desviem da "preferência revelada" pela Constituição de 1988; isso implica um nível de carga tributária mais elevado que o de outros países socialmente menos ambiciosos, mas sem exigir o iníquo sistema tributário atual. Segundo, compensar esse fato com uma melhor qualidade da gestão pública, que lhe permita aumentar o nível de seus investimentos em projetos de retorno social, inferior ao do setor privado. Terceiro, assegurar a boa regulação concorrencial do mercado e coordenar com ele o papel do Estado-Indutor com o uso de estímulos adequados; a regra de ouro para dar emprego de boa qualidade aos 150 milhões de brasileiros com idade entre quinze e 65 anos em 2030 é assegurar a maior concorrência possível internamente, com uma adequada proteção compensatória externa. Quarto, mas fundamental: resistir à permanente sedução (que costuma cegá-lo) de tentar violar as identidades da contabilidade nacional.

É o desemprego, tontos!

Publicado em 7 de agosto de 2012

NA PREPARAÇÃO E NA EXPANSÃO dos fatos que levaram à crise que estamos vivendo não existem inocentes: os governos falharam miseravelmente, o setor financeiro — sem regulação, como o velho escorpião da fábula — cumpriu o seu objetivo matando o setor real da economia, e alguns economistas, gloriosos, "teorizaram matematicamente" a alta qualidade dos malfeitos...

Seria ridículo e pretensioso dizer que os economistas foram causa eficiente da crise. Eles foram apenas coadjuvantes (e algumas vezes beneficiários) do processo. Ajudaram a criar uma "ideologia" que pretendia dar base "científica" ao papel do mercado financeiro desregulado na aceleração do desenvolvimento econômico e do bem-estar do mundo. A mensagem construída a partir da fantástica hipótese dos "mercados perfeitos" tinha como consequência subliminar a ideia do velho presidente Reagan: "Os governos não são a solução, são o problema"! Mas é ridículo, também, isentá-los de qualquer responsabilidade. Produziriam trabalhos científicos na academia, onde se faria "ciência pela ciência", na qual não é proibido inventar universos que não existem — como uma sociedade com um único produto, com uma função agregada de produção domesticada, com um agente re-

ECONOMIA É COISA SÉRIA

presentativo que incorpora todos os consumidores e os produtores, mas em que não há nem o crédito nem as bolsas de valores. Agora esforçam-se em incorporá-los no famoso modelo designado de DSGE (*dynamic stochastic general equilibrium*, ou equilíbrio geral dinâmico estocástico). Não teriam, entretanto, responsabilidade pelo mau uso dos seus modelos, mesmo porque estes não se referem, necessariamente, a este mundo...

Paradoxalmente, nesse processo no qual parece não haver ator que tenha sido sua causa eficiente, há quem esteja recebendo a conta do malfeito. São os mais de 30 milhões de desempregados que estão nas ruas recusando-se a pagar as "falhas" dos governos — que provavelmente corrigirão nas urnas — e as "falhas" do mercado financeiro, cujos responsáveis esperam ver julgados e condenados pela Justiça. Acreditaram que os governos e os mercados sabiam o que faziam. Continuam sendo ignorados pelos estudos mais recentes de economistas ainda presos ao paradigma que a crise destruiu.

Não se estuda o verdadeiro "custo social do imenso desemprego". Insiste-se em continuar a estimar os efeitos sobre o bem-estar (o consumo) produzidos pelas flutuações do PIB, na velha e abusada tradição de Robert Lucas (o brilhante prêmio Nobel de 1995), para quem as flutuações do emprego são pouco mais do que ataques de vagabundagem que, ciclicamente, atingem a mão de obra. Chega-se à conclusão de que, sobre este ser inefável e metafísico — o consumidor representativo —, ele é pequeno. Aliás, as estimativas variam fortemente porque todos conhecem — mas ninguém leva a sério — a afirmação do economista Christopher Otrok de que é "trivial fazer o custo do bem-estar produzido pela variação do PIB do tamanho que cada um quiser, simplesmente escolhendo uma forma conveniente da preferência [do consumidor]".* Repete apenas o grande Vilfredo Pareto, que já no século XIX afirmou: "Deem-me as hipóteses adequadas e provarei qualquer coisa"...

---

* Christopher Otrok, "On Measuring the Welfare Cost of Business Cycles". *Journal of Monetary Economic*s, v. 47, pp. 61-92, 2001.

A demonstração mais evidente dessa "disfunção teórica" é um recente trabalho de Etienne B. Yehoue,* também inspirado em Robert Lucas. Suas conclusões são interessantes:

> Usando um agente-representativo conservador num modelo de equilíbrio geral e baseado em parâmetros consistentes com os dados dos Estados Unidos, estimamos o custo social associado com diferentes níveis de metas inflacionárias, em particular 2%, 4% e 10%. O trabalho sugere que o custo social adicional de elevar a meta de inflação de 2% para 4% é igual a 0,3% do PIB real. Se a elevação for de 2% para 10%, esse custo se eleva a 1%. Com outros valores para os parâmetros na curva de demanda de moeda chega-se a 7% quando se eleva a inflação de 2% para 4%, e a 30% quando se passa de 2% para 10%.**

Em poucas palavras, vale a fortiori o que disse Otrok, repetindo Pareto. Quando as hipóteses são arbitrárias, "Deus está morto e tudo é permitido"!

Mas o ponto realmente importante no trabalho de Yehoue é que, salvo algum engano, ele menciona uma única vez nas 35 páginas do artigo a palavra "desemprego",*** referindo-se ao economista prático Arthur M. Okun, que mostrou uma regularidade entre a taxa de crescimento do PIB e a taxa de crescimento do desemprego agora conhecida como Lei de Okun. Obviamente, Yehoue não a utilizou porque ela introduziria ainda mais "ruído" nas suas conclusões. Aliás, uma coisa me intriga: seria o "custo social" produzido por um eventual aumento da meta de inflação de 2% para 4% nos Estados Unidos menor do que o custo do desemprego causado pela sua persistência ao longo dos últimos cinco anos de pelo menos 3% (dos 8% atuais para os 5% "normais")? É sugestivo que, nas 58 referências do artigo, nenhuma tenha no título a palavra "desemprego"!

---

*   E. B. Yehoue, "On Price Stability and Welfare". IMF Working Paper n. 12/189, jul. 2012.
**   Ibid., p. 4.
*** Ibid., p. 21.

Taxa de câmbio e desenvolvimento

Publicado em 29 de janeiro de 2013

SURJIT S. BHALLA É UM experimentado e muito bem apetrechado economista. Foi pesquisador nos mais importantes *think tanks* da teoria econômica: Rand Corporation, Brookings Institution e Banco Mundial. Amassou o barro prático na Goldman Sachs e no Deutsche Bank. Hoje é o *chairman* da Oxus Investments, um *hedge fund* baseado em Nova Delhi. Há pelo menos vinte anos ele vem tentando convencer os economistas do *mainstream* de que a proposição que eles aceitam como axioma — "a sobrevalorização do câmbio real pode ser prejudicial ao crescimento econômico" — é também verdadeira na sua forma simétrica — "a subvalorização do câmbio real pode ser benéfica ao crescimento" —, com a qual eles têm muita dificuldade de conviver.

Ele acaba de publicar um magnífico volume, *Devaluing to Prosperity* (2012), pelo respeitado Peterson Institute for International Economics. Prefaciado pelo insuspeitíssimo e competente C. Fred Bergsten, o livro vai dar trabalho aos economistas do *mainstream*. Analisa o problema da taxa de câmbio real com muito cuidado, a começar pelo reconhecimento de que ela é um animal fugidio e sua estimação estatística é frequentemente complicada por questões de endogeneidade. A tese de que uma taxa de câmbio relativamente desvalorizada ajuda o desenvolvimento é construída em etapas através do seu efeito sobre o nível de investimento da economia (quando o custo do capital é competitivo): 1) ela leva a um menor custo da produção (porque em geral reduz o preço do trabalho em dólares em magnitude mais do que aumenta em moeda nacional o custo dos insumos importados); 2) isso aumenta o lucro; 3) este estimula o aumento do investimento; e, finalmente, 4) produz o aumento do crescimento.

Um argumento interessante de Bhalla foi muito usado nos anos 1970 no Brasil: uma taxa de câmbio desvalorizada é, no fundo, uma política industrial horizontal. Beneficia a todos os setores igualmente. Eles se diferenciam, depois, pela capacidade de competir das empresas. Isso leva ao desenvolvimento *"export-led"*, fator fundamental frequentemente "escondido" nas análises do *mainstream* do processo asiático (em particular da Coreia).

A ideia de que a taxa de câmbio real é uma variável endógena e as desvalorizações nominais são sempre anuladas (mesmo no curto prazo) pelo aumento da taxa de inflação é claramente desmentida não apenas por nossa própria experiência com a grande desvalorização de 1999, que produziu uma inversão no balanço em conta-corrente nos anos seguintes, sem produzir aumento sensível dos preços. Este fato desmontou a posição de alguns "brasilianistas" que juraram às vésperas da desvalorização que, se ela se realizasse, teríamos a volta da "hiperinflação". Bhalla cita alguns exemplos: a desvalorização da libra inglesa (no famoso "Black Wednesday") e o caso da China, que entre 1980 e 1995 desvalorizou nominalmente o renminbi (que é o nome da moeda chinesa; iuane é o seu valor) em 201%, e a taxa de inflação chinesa (descontada, obviamente, da inflação dos Estados Unidos) não cresceu mais do que 21% nos dezesseis anos que separam 1996 de 2011. Simetricamente, o mesmo ocorreu com o Japão, que desde o início dos anos 1990 tem uma taxa de inflação insignificante, enquanto o iene caiu de 160 para 80 por dólar. Não há, portanto, nenhuma razão para se recusar a tese de Bhalla de que "uma desvalorização nominal pode ser real".*

---

* Surjit Bhalla, *Devaluing to Prosperity: Misaligned Currencies and Their Growth Consequence*. Oxford: Oxford University Press, 2012. p. 227.

O autor chama atenção para o fato de que mesmo uma taxa de câmbio nominal aparentemente constante pode embutir uma "valorização", devido ao famoso efeito Balassa-Samuelson (a tendência à valorização do câmbio com o crescimento do PIB), "ajudado por políticas claramente desvalorizadoras desde a crise de 2007". Essa depreciação real desapercebida tem sido parte importante da história da China e dos países asiáticos desde a crise cambial de 1997-8. Bhalla faz uma interessante comparação histórica, mostrando que no século XIX a Inglaterra e a Holanda tinham as taxas de câmbio reais mais desvalorizadas do mundo, o que talvez explique o seu crescimento. Na minha opinião esta é a parte mais vulnerável da análise. Quando afirma que "em vários países desenvolvidos a taxa de juros real de 1950 era a mesma de 1870, pesadamente subvalorizada", as coisas perdem um pouco da sua clareza e coerência. Bhalla ressalta ainda um fenômeno que chama de "mercantilismo"; a alegre coexistência, em inúmeros países asiáticos, de taxas de câmbio desvalorizadas com grandes superávits em conta-corrente e imensa acumulação de reservas internacionais. O caso brasileiro é diferente: com um câmbio supervalorizado, vemos crescer nossas reservas à custa de superávits em conta-corrente que alimentam a expansão do nosso passivo externo.

O *mainstream* vai ter muito trabalho para deixar de encarar a possibilidade teórica e a experiência histórica que sugerem que uma taxa de câmbio relativamente desvalorizada e estável foi um complemento importante no processo de desenvolvimento da maioria dos países, e que não há razão para supor que o "caso" brasileiro seja uma exceção.

Inflação versus desemprego

Publicado em 26 de março de 2013

EM 1958, UM ARGUTO economista neozelandês, Alban William Phillips, publicou um artigo intrigante e, de certa forma, revolucionário. Usando dados da Inglaterra de 1861 a 1957, "descobriu" que a relação entre a variação da taxa nominal dos salários (inflação) e a taxa de desemprego era negativa: quando o desemprego era alto, a inflação era baixa, e vice-versa. Quase imediatamente, Paul Samuelson e Robert Solow construíram a mesma curva com dados da economia americana de 1900 a 1960, e "confirmaram" a relação negativa. O sucesso dessa construção entre os keynesianos foi imediato: ela seria a relação "faltante" que "fecharia" o modelo de Keynes, permitindo aos governos escolher entre a taxa de inflação (ou seja, os aumentos nominais de salários) e o nível de desemprego. Com políticas públicas sociais e econômicas adequadas seria possível manter a taxa de inflação desejada com um nível de desemprego civilizado. A alegria durou pouco. Artilheiros de alto calibre puseram em dúvida a existência da curva. Não pode haver relação estável entre uma variável real (a taxa de desemprego) e uma variável nominal (a taxa de inflação medida pelos salários nominais), porque no longo prazo as variáveis reais são determinadas por forças reais. Mais complicado ainda era o fato de que, uma vez introduzida no modelo a "expectativa" da inflação futura, existiria uma "família de curvas" correspondente a cada uma delas. A conclusão foi que, quando a inflação realizada fosse igual à esperada, o nível de emprego seria a sua "taxa natural", ou seja, o desemprego estrutural.

Reduzida à sua forma mais simples, a taxa de inflação realizada seria igual à taxa de inflação esperada corrigida por um fator que explicita a diferença entre a taxa "natural" (ou estrutural) do desemprego e o seu nível. Essa correção é positiva (isto é, a taxa de inflação cresce se a taxa de desemprego é menor do que a "natural") e negativa em caso contrário. Em outras palavras, nesse modelo ultrassimplificado é o aumento do desemprego que reduzirá a taxa de inflação. O argumento mostra a importância de se conhecer como se formam as "expectativas". Se são adaptativas (os agentes olham o passado e cometem erros), a curva de Phillips pode ser negativa no curto prazo, mas no longo prazo (quando os agentes aprenderam) será vertical, no nível do desemprego "natural". Se as "expectativas" são "racionais", a distinção entre curto e longo prazos desaparece porque os agentes, por construção, não cometem erros... Em qualquer dos casos, a escolha entre taxa de desemprego e taxa de inflação que confortava alguns keynesianos desaparece. Como é evidente, a taxa de desemprego "natural" só pode ser alterada por medidas estruturais (oferta) que flexibilizem e tornem mais eficiente o mercado de trabalho. Ela só pode ser violada no curto prazo pela ampliação da demanda, à custa de uma aceleração da taxa de inflação.

Tudo isso, depois da pavorosa crise de 2008 que ainda nos espanta, parece parte de um passado longínquo no qual os keynesianos envolveram-se em trapalhadas e os monetaristas das expectativas racionais acreditavam que o desemprego não era muito mais do que um ataque de vagabundagem que, ciclicamente, atingia os trabalhadores!

Essa rápida história sugere como devemos ser humildes na formulação de soluções simples para o fenômeno inflacionário que estamos vivendo. Ele é o radiador que dissipa o calor gerado não apenas por um excesso de demanda ou falta de oferta, mas pela desarticulação logística produzida por trinta anos de descaso com os investimentos em infraestrutura.

O buraco é, certamente, mais embaixo. A edição mais recente da revista *Economia Aplicada* traz um competente artigo de três economistas do Ipea (Mario Mendonça, Adolfo Sachsida e Luis Medrano), "Inflação versus desemprego: novas evidências para o Brasil",* onde se procura estimar a curva de Phillips novo-keynesiana para o Brasil. Trata-se de trabalho cuidadoso que utiliza dados mensais de janeiro de 2002 a março de 2012, submetidos a um hábil tratamento econométrico. Os autores analisam, também, um subperíodo de janeiro de 1995 a março de 2012. A curva construída inclui como variável dependente a taxa de inflação do ano, e como variáveis "explicativas" a inflação do ano anterior, a estimativa de inflação para o ano seguinte, uma variável que represente o "custo marginal" (de fato, a taxa de desemprego) e outra que represente um choque de oferta (de fato, a taxa de câmbio). As principais conclusões do excelente trabalho são as seguintes:

1. um único resultado permaneceu robusto aos diversos experimentos: a expectativa de inflação e a inflação passada têm relevância na dinâmica do processo inflacionário. O papel das expectativas parece aumentar no período mais recente;
2. com relação ao desemprego, seu impacto de curto prazo sobre a inflação depende do conjunto de variáveis representativas (*proxies*) adotadas. Na maior parte dos casos essa relação foi negativa, como era esperado. Já no longo prazo esse efeito torna-se difícil de captar, dando a impressão de ser nulo ou pouco relevante na formação do processo inflacionário. De qualquer forma e em qualquer dos casos, o efeito real da taxa de desemprego sobre a inflação foi próximo de zero;
3. o processo inflacionário brasileiro parece não guardar relação próxima com a curva de Phillips novo-keynesiana. Isso é de especial relevância porque a grande maioria dos "macromodelos" da economia brasileira assume formatos parecidos com ela ao descrever a inflação.

---

* Mario Mendonça, Adolfo Sachsida e Luis Medrano, "Inflação versus desemprego: novas evidências para o Brasil". *Economia Aplicada*, v. 16, n. 3, pp. 475-500, 2012.

ECONOMIA É COISA SÉRIA

É por isso e muito mais que, quando sugere cautela antes de se apressar a aumentar a taxa de juro real, mas demonstra disposição de fazê-lo se necessário, a autoridade monetária brasileira está mais afinada com o mundo real do que os seus críticos.

Ortodoxos e heterodoxos

Publicado em 20 de setembro de 2016

A ECONOMIA É UM TIPO DE conhecimento muito diferente das "ciências naturais" como a física ou a química, nas quais se pode (às vezes) estudar efeitos da causa X sobre o evento Y isolando cuidadosamente a variação de outros fatores que poderiam, eventualmente, perturbá-la. A diferença é que a descoberta de leis nessas ciências deixa a natureza imperturbada. Depois que Galileu descobriu a lei da aceleração do movimento; que Newton formulou a lei da gravidade universal; que Faraday descobriu a lei da indução eletromagnética, a natureza não tomou conhecimento. Não pensou em reagir alterando a constante gravitacional! Por isso os homens puderam usar essas leis em seu próprio benefício e produziram a revolução científica e tecnológica que em menos de trezentos anos (0,002% do tempo desde que eles deixaram a África, há 150 mil anos) construiu o mundo em que vivemos, com suas maravilhas tecnológicas e... suas misérias humanas.

A "natureza" da economia é a sociedade humana. Uma combinação de indivíduos heterogêneos, que reagem aos estímulos de forma diferente, que pensam, que têm memória e que têm interesses. Formam um sistema complexo de inter-relações que se alteram à medida que seus membros tomam consciência de que, pela organização desses interesses

ECONOMIA É COISA SÉRIA

e pelo sufrágio universal, podem mudá-las! É por isso (e algumas outras coisas) que a economia não tem relações estáveis ("leis"), e os economistas têm que construir sempre novos modelos, sujeitos à extraordinária hipótese de que "todo o resto permanece constante".

O objeto da economia não muda. Muda o comportamento da sociedade à medida que ela se conhece. O fato de ser uma modesta disciplina e não uma ciência "dura" não impede, entretanto, que a economia tente usar a mesma metodologia das ciências para acumular conhecimentos úteis à administração privada e pública: 1) formula "modelos", em geral com objetivos estabelecidos a priori pelo seu autor (mesmo quando inconscientemente); 2) formaliza-os através da linguagem matemática; e 3) tenta refutá-los usando a melhor técnica estatística possível (sempre violando as suas condições básicas). Se eles resistem à tortura dos dados, sobrevivem provisoriamente. Se forem realmente interessantes, serão submetidos à "prova da reprodução" dos resultados por outros competentes economistas e, no final, incorporados ao *mainstream*.

É por isso que a discussão entre ortodoxos e heterodoxos é uma lamentável perda de tempo. Em economia, toda ideia realmente nova é, por definição, "heterodoxa". Depois, dependendo da qualidade retórica da narrativa e da sua sobrevivência ao teste empírico, é ou não incorporada à ortodoxia. Keynes foi um grande heterodoxo bem-sucedido. Hoje está incorporado à ortodoxia pelo neokeynesianismo que infecciona os modelos de equilíbrio geral dinâmico estocástico (DSGE) de quase todos os Bancos Centrais. Lucas foi, sob alguns aspectos, um heterodoxo malsucedido. Foi afoitamente abraçado pela ortodoxia mal informada que acreditou na racionalidade "divina" exigida pela teoria das expectativas "racionais".

A economia recepciona boa parte do que sugere o *mainstream*, principalmente 1) que existem limites físicos insuperáveis; 2) que deve existir equilíbrio entre a expansão do consumo e do investimento; 3) que há necessidade de boa ordem fiscal e monetária para que haja espaço para políticas anticíclicas; 4) que as tentativas de violar as identidades da contabilidade nacional sempre terminam muito mal; e 5) que o desenvolvimento econômico é apenas o codinome de aumento da produtividade do trabalho, e requer um Estado forte, constitucionalmente controlado,

A ECONOMIA E SUAS TRIBOS

capaz de regular e garantir o bom funcionamento dos mercados. Mas não recepciona a ideia de que os mercados são autorreguláveis, obedecem ao imperativo categórico kantiano e levam ao pleno emprego, nem aceita que há harmonia na sociedade. Sabe que ela é dividida em "ganhadores" e "perdedores" e que toda política econômica altera essa relação.

A sociedade democrática pretende combinar três objetivos não inteiramente compatíveis: liberdade individual, mitigação das desigualdades produzidas pelo acidente do local do nascimento e eficiência produtiva. No Brasil, só o exercício permanente e paciente da política — acompanhado do esclarecimento da maioria ("perdedora") — poderá vencer, nas urnas, o "ganhador", o estamento estatal que se apropriou do poder, o que permitirá a volta do crescimento inclusivo.

Fiquemos com a boa e modesta economia e aceitemos que ela não é ciência, mas pode ser muito útil na administração pública e privada. Como confessou Alan Greenspan ("o maestro", suposto portador da "ciência monetária" transformada em "arte") no seu depoimento ao Congresso dos Estados Unidos em 23 de outubro de 2008, no auge da crise: "Ela é muito maior do que qualquer coisa que eu poderia ter imaginado... estou chocado e incrédulo. Cheguei à conclusão de que nossos modelos [os do FED] não perceberam a estrutura crítica que define o funcionamento do mundo". Você acredita que agora o FED sabe o que está fazendo?

De John a John:
a importância da economia

Publicado em 8 de novembro de 2016

O PROBLEMA DA DESIGUALDADE entre os homens sempre foi dramático. Desde que deixaram a África, há pelo menos 150 mil anos, a evolução natural lhes deu as condições de se adaptarem às mais variadas realidades geográficas. Crescendo em número, fizeram sua própria história. Separaram-se em grupos que se olham, não infrequentemente, com hostilidade. Nos últimos seiscentos anos, completaram a ocupação de todo o espaço físico do planeta e mostraram, afinal, ser a espécie mais bem-sucedida inventada pela natureza.

Um rápido olhar sobre os últimos 10 mil anos sugere que as condições de sobrevivência material de grupos mais numerosos exigem uma organização social que estimule (pelo incentivo) ou obrigue (pela força) alguma cooperação entre eles, o que deu nascimento às várias formas de Estado. Até a metade do século XVIII, todas essas organizações, desde as da antiguidade greco-latina até as da Idade Média e as que se apoiaram na crença do direito "divino" dos governantes, tinham a escravidão como "o normal natural" e viam o trabalho físico, quando necessário à sobrevivência material, com desconfiança.

É só depois da Revolução Gloriosa de 1688, com a deposição de Jaime II na Inglaterra, e John Locke e seu liberalismo que a mais abjeta separação entre os homens (que não têm nenhuma razão "natural" para nascerem desiguais em direitos e obrigações) começa a sofrer uma crítica corrosiva que lentamente vai se metamorfoseando numa busca da liberdade e igualdade para todos. É preciso insistir: não mais do que trezentos anos nos separam da aceitação como "natural" da mais repugnante das relações que se pode imaginar entre os homens: a escravidão.

No Brasil a coisa não foi melhor. Há menos de 130 anos vivíamos com ela. Cinco gerações já nos separam dela, mas ainda não fomos capazes de transcendê-la.

O absurdo é visível. O homem sobreviveu materialmente pelo seu intercurso íntimo com a natureza através da sua atividade "natural" — o seu trabalho inteligente — que a transforma e a conforma para o atendimento da crescente ampliação de suas necessidades. Locke, na origem do liberalismo, desmontou a lógica de todos os absolutismos até então existentes e insistiu nas virtudes da governança representativa para assegurar o que, de fato, é "natural": o respeito à liberdade e à igualdade original de cada homem (e, portanto, de todos). Isso legitima a cada um apropriar-se apenas do que extraiu — com seu próprio trabalho — da natureza (que é finita), e desde que não exceda às suas próprias necessidades.

Abriu-se, em meados do século XVII, uma narrativa que foi explorada por Adam Smith, Kant, Hegel e aterrissou espetacularmente em Marx, em meados do século XIX, com uma não solução simples e elusiva: "exigir de cada um de acordo com a sua capacidade e dar a cada um de acordo com a sua necessidade". De certa forma, somos todos herdeiros desse movimento que deu início à busca de uma organização social concreta na qual todos tenham plena liberdade (ninguém é submetido à autoridade de outro), plena igualdade (o acidente do local do seu nascimento é irrelevante), e na qual a produção da subsistência material de todos seja cada vez mais eficiente para que lhes sobre cada vez mais tempo para gozá-las realizando a sua plena humanidade. Essa busca — até agora sem sucesso — é a própria história dos movimentos sociais, do exercício da política e da construção de instituições, como o sufrágio universal, que se refletem nas várias visões do mundo com as quais convivemos hoje.

ECONOMIA É COISA SÉRIA

O enigma da liberdade e da desigualdade se dissolveu na antropologia, mas não se resolveu. Como não estamos no reino do pensamento abstrato, não há como demonstrar que tal organização existe e que, portanto, podemos encontrá-la. E, como estamos no reino da prática, não podemos provar que a natureza tem uma lógica interna escondida da qual ela emergirá espontaneamente (crença que nasceu em Adam Smith). Não há truque, dialético ou metafísico, que possa resolvê-lo.

O verdadeiro problema é compatibilizar dois valores existenciais, liberdade e igualdade, com a necessidade de produzir uma subsistência material eficiente para que eles possam ser efetivamente gozados, condições que, na prática, são incompatíveis em termos absolutos (mais de um se faz em detrimento dos outros). É na aproximação assintótica dessa organização através do avanço do exercício da política e do sufrágio universal (urna) combinado com o aperfeiçoamento dos mercados produzidos pelo avanço da microeconomia que talvez resida a solução. A teoria dos contratos e suas implicações ajudam a amenizar interesses antagônicos usando os próprios incentivos das partes e são, seguramente, um passo nessa direção. Como disse outro John, Keynes, em meados do século XX, o conhecimento da economia não é a civilização. Talvez seja a sua possibilidade...

Inquietação na tribo

Publicado em 31 de janeiro de 2017

A TRIBO DOS ECONOMISTAS está inquieta. Alguns parecem estar perdendo a paciência e começando a concordar com Milton Friedman — "O banqueiro central é como um idiota no chuveiro: sempre tem dificuldade de encontrar a temperatura certa!" — e, a partir daí, oferecendo novas hipóteses teóricas. Assiste razão aos que exigem delas "robustas" provas de "causalidade" (exatamente o que a "velha" não tem!), uma vez que na economia a fonte é o conhecimento empírico. O problema é saber se isso é possível num universo caprichoso — a sociedade — cujos membros interagem num processo dinâmico de extrema complexidade, ao qual a revolução das comunicações deu novas dimensões.

O ponto interessante é que cada lado do debate apresenta coleções de artigos com a mesma metodologia, com a mesma pretensão científica, e conclusões opostas! É claro que o avanço do conhecimento exige "quantificação", mas é ainda mais claro que a sociedade humana não é como a natureza, que se mostra indiferente à descoberta dos seus mistérios. Porque o homem aprende, pode responder diferentemente ao mesmo estímulo causal...

Ao contrário da lógica, da matemática, das ciências "duras", da biologia, que avançam com "novas" perguntas, a economia procura, desde

ECONOMIA É COISA SÉRIA

tempos imemoriais, respostas às "mesmas" perguntas: 1) Por que algumas sociedades são capazes de explorar melhor o seu espaço e atender melhor às necessidades materiais dos seus habitantes? 2) Por que parecem ter um impulso interno que faz flutuar o nível de sua atividade e o emprego dos seus membros? 3) Qual é, afinal, o verdadeiro enigma no funcionamento de uma organização social, que, pelo conhecimento de um sinal (os preços estabelecidos nos mercados), parece às vezes harmonizar o interesse do indivíduo com o coletivo?

Será possível que, depois de 2500 anos de análise da sociedade, tenhamos chegado à conclusão de que, em matéria da sua administração material, nada sabemos e, portanto, tudo vale? Antes de responder, duas considerações. A primeira é uma dúvida: qual o efeito da divisão do trabalho na investigação dos limites da própria razão (na lógica, na matemática) e no conhecimento da natureza? Nelas, é mais do que evidente que a suprema especialização (saber cada vez mais sobre cada vez menos) gestou e acelerou o uso do conhecimento em nosso benefício. Há sinais, entretanto, de que mesmo nas ciências da natureza estamos chegando ao limite da especialização. Física, química, biologia e matemática (modelos e computação) vêm aumentando dramaticamente a sua cooperação na exploração conjunta de seus problemas. Tenho, hoje, a convicção de que a extrema especialização nas ciências sociais (em particular, o "imperialismo científico" da economia que defendíamos com unhas e dentes) esterilizou nossa capacidade de entender como funciona a única atividade econômica, isto é, o trabalho (é dele que se trata!), que é intrínseco, poroso e impregna todo o comportamento social, o que tem consequência sobre a qualidade da política econômica.

A segunda consideração está, de certa forma, implícita na anterior. Newton "descobriu" (no século XVII) o maior segredo da natureza: como fugir dela? Calculou a velocidade de escape da Terra de um projétil lançado ao espaço sideral. A natureza não tomou qualquer providência. Não teve inveja nem ciúme, e não mudou os seus "parâmetros". Permitiu ao homem que, com eles, fosse à Lua no século XX!

Ainda me lembro da excitação que causou (quando republicado em *Readings in the Theory of International Trade*) o famoso artigo de Paul A. Samuelson "The Gains from International Trade". Nele se "prova-

128

vam", analiticamente, os benefícios da globalização do comércio. As hipóteses eram irrealistas (mas quem se importa com elas?), e a conclusão sugeria que no mundo só haveria "ganhadores". Externalidades custosas estavam escondidas na álgebra da teoria das vantagens comparativas. Os efeitos da distribuição assimétrica dos benefícios seriam desprezíveis diante da expansão da riqueza por ela produzida. Pois bem: décadas depois do artigo, Samuelson relativizou boa parte de suas conclusões sobre as virtudes da globalização. No longo prazo, e com suporte de políticas públicas inteligentes, será mesmo um importante fator de paz e progresso. No "intermezzo", seus perversos exageros ajudaram a eleger Trump! E, pior, produziram consequências desastrosas em vários países. Volta-se a lançar sérias dúvidas sobre a compatibilidade entre o mercado (regulado por um Estado forte, constitucionalmente constrangido) e um regime verdadeiramente democrático, no qual a liberdade e a igualdade de oportunidades para todos devem ser os objetivos.

Mas, afinal, para que serve, então, o nosso conhecimento da economia? Provavelmente, e muito, para que possamos obter um pouco mais de conforto na breve passagem por esta vida única e intransferível. Mas isso fica para outro dia...

A esquecida economia de escala

Publicado em 20 de junho de 2017

EM 19 DE ABRIL ÚLTIMO, comemoraram-se duzentos anos desde a publicação do revolucionário *Princípios de economia política e tributação*, de David Ricardo, no qual, com uma lógica que arrebatou o mundo, foi exposta a famosa teoria das vantagens comparativas. Quando posta à luz, a ideia é extremamente simples, mas contraintuitiva: um país cuja produtividade (medida em homem/hora) é inferior à de outro em termos absolutos pode exportar (e produzir um aumento do bem-estar dos dois) se apresentar vantagens comparativas, ou seja, se a relação entre as produtividades absolutas for superior à do mesmo produto no país importador.

Ricardo construiu um exemplo numérico das vantagens comparativas com algumas hipóteses: na Inglaterra, a produção de uma unidade arbitrária de tecido usa cem homens/hora e a produção de uma unidade arbitrária de vinho utiliza 120 homens/hora e em Portugal a mesma quantidade de tecido exige noventa homens/hora e a mesma unidade de vinho consome oitenta homens/hora. Na ausência de comércio (autárquico em ambos os casos), os preços relativos seriam proporcionais ao tempo de trabalho (pela teoria do valor-trabalho): na Inglaterra, uma unidade de tecido compraria 0,80 unidade de vinho; em Portugal, uma unidade de tecido compraria 0,89 unidade de vinho.

Os números foram escolhidos para mostrar a vantagem comparativa, uma vez que Portugal é, em termos absolutos, mais eficiente (no uso do trabalho) do que a Inglaterra. Ele tem, entretanto, uma vantagem maior na produção de vinho, de forma que, quando o comércio se abrir, será exportador de vinho e importador de tecido. É essa realocação no uso dos recursos disponíveis para cada país que produzirá um aumento da produtividade total e das margens de lucro. O que resta saber é qual será a relação de troca final entre os dois países. Ricardo assumiu, implicitamente, que se trocaria uma unidade de tecido por uma unidade de vinho, distribuindo, assim, igualmente os benefícios da liberdade de comércio. A poderosa lógica interna das vantagens comparativas e a sofisticação crescente dos trabalhos teóricos conquistaram o coração dos economistas. Parodiando Keynes, "tanto quanto a Santa Inquisição conquistou a Espanha!".

Honestamente, sempre tive minhas dúvidas. O interessantíssimo curso de história ministrado pela grande Alice Canabrava, nos idos de 1950, na FEA/USP, ia do mercantilismo às razões pelas quais a Inglaterra de protecionista evoluiu para o *free trade*, à influência de Hamilton no desenvolvimento americano e à construção do Zollverein (a unificação tarifária da Alemanha em 1834), iniciada com o *free trade* e lentamente transformada em protecionista a partir de 1879, quando elevou as tarifas e criou subsídios às exportações.

Aquela história ensinava que sempre houve uma tensão entre a "lógica" das vantagens comparativas e a "realidade" dos países que no último quartel do século XIX revelavam-se mais bem-sucedidos em matéria de desenvolvimento econômico. Sua primeira lição era que as "vantagens comparativas" não são destino: podiam ser construídas. A segunda era que o modelo ricardiano supunha, implicitamente, um mundo de ilhas ocupadas por tribos altruístas que se viam com simpatia. Quanto à primeira, era claro que quem se conforma com as vantagens comparativas como destino está condenado a aceitar que seus parceiros determinem a sua estrutura produtiva. Quanto à segunda, era evidente que, no mundo real, o homem é um animal reconhecidamente territorial (território pelo qual mata e morre!), capaz das maiores violências com a sua própria espécie sem qualquer razão objetiva. Nele, os países são ilhas pensadas como "independentes", que se olham, de forma conflituosa, com enorme desconfiança, inveja e cobiça!

Ricardo nunca se preocupou com as "causas" das vantagens comparativas. Isso foi explorado, quase um século depois, por Eli Heckscher e Bertil Ohlin, que as atribuíram às diferenças de disponibilidade de recursos de cada sociedade. Esse é o modelo dominante na teoria do comércio internacional, conhecido como Heckscher-Ohlin-Samuelson (HOS).

O grande avanço teórico veio com um artigo de Paul Krugman ("Increasing Returns, Monopolistic Competition, and International Trade", 1979) que, recuperando observações anteriores, juntou a economia de escala interna às empresas (ausente no modelo HOS) com uma organização produtiva de competição monopolística. Numa joia de dez páginas, ele mostrou que o comércio internacional não precisa, necessariamente, ser o resultado de diferenças de tecnologia ou da quantidade de recursos naturais. Pode, simplesmente, expandir o mercado e permitir a exploração da economia de escala, com os mesmos resultados do crescimento da força de trabalho e da aglomeração regional.

O final do artigo é glorioso: "Aqui se demonstrou que um modelo claro, rigoroso e, esperamos, persuasivo pode ser construído para explicar o comércio em condições de rendimentos crescentes". E acrescenta: "O papel da economia de escala na criação do comércio é conhecido há algum tempo, mas foi relativizado na formalização da teoria... e nos livros-texto".

Testemunhando o retorno, nos últimos trinta anos, da economia brasileira à condição de colônia fornecedora de alimentos e matérias-primas para o mundo, é possível negá-lo?

O CAPITALISMO
E OUTROS "ISMOS"

Sobre o sistema político e econômico

Iguais mas desiguais

Publicado em 3 de outubro de 2006

NESTE INÍCIO DO SÉCULO XXI vamos alcançando uma nova visão do desenvolvimento das nações. Terminaram as desastradas experiências do socialismo real e fracassaram todas as tentativas do "planejamento sem sistema de preços" e da "engenharia social" que nos encantavam nos anos 1950. O único método razoável de administração das sociedades parece ser uma combinação pragmática do processo democrático na política com o processo capitalista na economia.

Norberto Bobbio, em *Direita e esquerda*, afirma que "dizer-se de esquerda é hoje uma das expressões menos verificáveis do vocabulário político". Autores tão diversos como ele e o competente John Roemer acabam concordando que "esquerda" é hoje "igualitarismo", mas mantêm a fé na possibilidade concreta de um socialismo "democrático". Pois é essa fé que foi indiretamente demolida pelo irrequieto e magnífico Joseph Stiglitz em *Whither Socialism?* (1994), com novos e surpreendentes argumentos que restringem a validade da teoria econômica do equilíbrio geral.

Se há ainda algum sentido na distinção entre "direita" e "esquerda", ele se refere à forma de entender e encarar a igualdade de oportunidades, que é uma das condições fundamentais para a construção da sociedade "justa". A questão é que, além da relativa igualdade (de oportunidades e de renda), o homem necessita de um sistema produtivo eficiente, o que até agora não se conseguiu sem o mercado e a liberdade individual. Mas essas instituições e a igualdade não são inteiramente compatíveis. O mercado e a liberdade individual são valores perfeitamente compatíveis. O mesmo não se pode dizer de mercado e igualdade, pelo menos do mercado apoiado na propriedade privada como conhecemos hoje. E, mais, o mercado sem a igualdade de oportunidades perde muito de sua legitimidade com relação à "justiça" social.

A ideia de igualdade é o poderoso demônio que atormenta o homem cada vez que ele tem tempo para o pensamento crítico. Ela é provavelmente permanente na história. Já em Aristóteles, trezentos anos antes de Cristo, há uma longa discussão sobre o tema. Quase todas as utopias, de Platão em diante, sempre fizeram restrições à acumulação de riquezas, ou seja, ao crescimento da desigualdade. E, de Thomas More a Karl Marx, enxerga-se na propriedade privada a origem da desigualdade. Mas o que hoje parece claro é que a eliminação da propriedade privada leva à impossibilidade de funcionamento do mercado e à sujeição do indivíduo ao Estado.

A história mostra que os regimes de economia centralizada tendem, aparentemente, a sacrificar a eficiência produtiva e a liberdade em favor da igualdade. Os regimes de economia descentralizada, por sua vez, tendem a sacrificar a igualdade e às vezes a liberdade em favor da eficiência produtiva. Isso mostra o papel fundamental do Estado na construção de uma sociedade mais justa e moralmente aceitável.

Parece que a única solução para esse dilema é a combinação orgânica do *processo democrático* como forma de *organização política*, para assegurar liberdade e relativa igualdade, com a *organização econômica* pelo *processo capitalista*, para realizar o desenvolvimento material. Democracia e capitalismo não são "coisas". São processos de solução de conflitos nascidos da prática cotidiana, que se interpenetram e tiram sua capacidade de evoluir da resolução sempre incompleta e imperfeita dos problemas criados por sua própria dinâmica.

O processo democrático corrige os excessos do capitalismo a ponto de, no processo histórico, designar-se, pelo mesmo nome, realidades

O CAPITALISMO E OUTROS "ISMOS"

muito diferentes. Por sua vez, as exigências do capitalismo colocam limites aos excessos de democratismo. É essa interação que fixa os contornos da *política do possível*, numa dialética eterna, onde não há vencidos nem vencedores.

É claro que os homens são iguais e desiguais ao mesmo tempo. Mas o processo democrático de resolver os conflitos, combinado com um processo econômico que busca certa racionalidade, parece constituir um mecanismo adaptativo eficiente para administrar essa questão. Ela permite explorar diferentes caminhos e acumular conhecimentos pelo aprendizado decorrente das múltiplas tentativas de resolver o problema. É por isso que essa combinação tem condições de sobreviver. Ela pode ir compondo uma sociedade que vai acomodando, pragmaticamente, três valores não inteiramente compatíveis: liberdade, igualdade de oportunidades e de renda e eficácia produtiva.

Os capitalismos

Publicado em 18 de novembro de 2008

TODOS SABEMOS QUE O EXPERIMENTO de Lênin-Stálin fracassou: em lugar do socialismo, promoveu um dos mais brutais Estados de quantos frequentaram a história universal. Essa é a tragédia do próprio marxismo. Produto da mente de um libertário genial, inspirou, igualmente, intelectuais generosos e facínoras. Os últimos, em nome do "socialismo e da construção do novo homem", chegaram a escravizar um terço da humanidade.

Com a abertura dos arquivos secretos da União Soviética foi possível conhecer um pouco melhor os métodos e a ética oportunista dos líderes da Revolução de 1917. Lênin era tão brutal quanto Stálin. Isso se vê num "despacho" a V. V. Kuraev (agosto, 1918) em que ordena a "supressão, sem piedade, mas de forma que o povo assista, de não menos do que cem *kuláks* conhecidos". Ao contrário do que geralmente se pensa, é possível que Lênin quisesse mesmo ser sucedido por Stálin, e não por um intelectual refinado como Bukhárin (assassinado por Stálin em 1938 nos Julgamentos de Moscou). Também a imagem e a importância de Trótski (o preferido de nossos intelectuais), quer como pensador, quer como comandante do Exército Vermelho, saem muito esmaecidas dos comentários de Lênin. Este aparentemente o admirava apenas por

O CAPITALISMO E OUTROS "ISMOS"

sua capacidade oratória... Os arquivos secretos mostram, também, que longe de a Revolução ter sido apoiada por toda a população, esta foi convertida e calada pelo exemplo de milhões (sim, milhões!) de mortos e deportados dentro do território soviético pela ação de uma burocracia partidária brutal, ideologicamente cega e fortemente armada.

Depois da conversão da China ao capitalismo mais desenfreado por inspiração de Deng Xiao Ping, em 1978, e da dissolução da União Soviética, em 1989, não existe mais paradigma de organização econômica concreta que não seja alguma forma de "capitalismo". Todas elas se baseiam no respeito à propriedade privada, na organização da produção em empresas, no trabalho assalariado e no funcionamento da economia através de mercados regulados institucionalmente. O que as diferencia são os vários sistemas de proteção social.

O mundo vive uma revolução em que as relações entre as empresas, os assalariados e o Estado estão se alterando fortemente. As empresas tendem a estender suas atividades fora do seu espaço geográfico para utilizar as vantagens da "mundialização produtiva". A dispersão geográfica da produção e a busca da maior eficiência econômica (maximização de resultados) impõem restrições às relações emprego-salário, muito maiores do que antes, e diminuem o poder das organizações sindicais. Por outro lado, a liberdade de escolha da localização geográfica impõe restrições ao poder do Estado de tributar, pois as empresas podem escolher onde a tributação do capital é menor.

A liberalização do comércio internacional e do movimento de capitais (um duvidoso contrabando ideológico que atribui a este último as mesmas virtudes do livre movimento das mercadorias) aumentou dramaticamente o poder do sistema financeiro internacional. Apoiada no mais importante desenvolvimento tecnológico que estamos vivendo (a tecnologia da informação) e na infinita inteligência dos operadores financeiros para descobrir e operar "derivativos" de toda natureza, a liberdade de movimento de capitais está sempre disponível para desestabilizar as economias despreparadas. Agora mesmo vivemos mais uma das "crises" do capitalismo, provocada pela desregulação exagerada do sistema financeiro.

Essa evolução da economia mundial terminou com a viabilidade econômica e política dos Estados autárquicos. Se quiserem o desenvolvimento econômico e social dentro de um regime de plena liberdade individual e respeito ao Estado de direito, não resta às nações alternativa que não uma das formas com que o capitalismo se apresenta. O que controla o tipo de capitalismo e define o grau de eficiência produtiva e de equidade que a sociedade deseja é a sua organização política. Podemos distinguir pelo menos quatro tipos de "capitalismo".

1. o anglo-saxão dos países de língua inglesa, em que os mercados são mais flexíveis (inclusive o do trabalho) e em que o sucesso econômico é mais visível, mas a assistência social é menor;
2. o germano-nórdico (Alemanha, Suécia, Dinamarca, Finlândia), que tem maior assistência social, mas tende a adaptar-se ao anterior;
3. o corporativo japonês, no qual o sistema tradicional de suporte ao trabalho adapta-se a alguns aspectos do capitalismo anglo-saxão; e, finalmente,
4. o estatal (França e Itália), no qual sindicatos e Estado se desentendem abertamente e a ineficiência é visível e crescente. Aqui, também, a proposta de reforma é aproximá-lo do anglo-saxão.

Os três últimos tipos de capitalismo acima mencionados tentam reformas para convergir para o paradigma anglo-saxão, com adaptações locais e graus diversos de assistência social. Mas o sucesso do movimento depende dos processos políticos, como demonstram as recentes eleições no mundo desenvolvido, em que os cidadãos revelam suas diferentes "preferências" entre o crescimento econômico e suas formas de viver.

É o crédito, companheiro!

Publicado em 10 de fevereiro de 2009

O SISTEMA ADAPTATIVO DE organização econômica a que se dá o suspeito nome de "capitalismo" apresenta três características: 1) torna possível combinar a relativa liberdade individual com a eficiência produtiva, 2) aumenta dramaticamente esta última pela incorporação de novas tecnologias e 3) revela oscilações inconvenientes tanto na quantidade como nos preços dos bens e serviços produzidos. A partir de meados do século XVIII, com a ampliação do conhecimento sobre os fenômenos econômicos e o aperfeiçoamento dos registros estatísticos, as oscilações tornaram-se, na Inglaterra, objeto de análise mais cuidadosa. De 1700 a 1870 relatam-se cerca de vinte "crises" (oscilações notáveis) produzidas por quebra de safra agrícola, dificuldade de suprimento de alimento, guerras, epidemias etc. Algumas foram particularmente graves (1792-3, 1825, 1857 e 1866). Para confirmar que não há nada de novo sob o sol, recordemos que já na de 1792-3 o Estado inglês fez sua "entrada nos negócios". O primeiro-ministro, William Pitt, deu "liquidez" ao mercado (com as *exchequer bills*), o que "restaurou, quase instantaneamente, a confiança", como registrou um observador na época. A recorrente insistência das "crises" sugeriu a hipótese de que elas seriam cíclicas, produzidas por causas internas (endógenas) ou externas (exógenas), com períodos (tempo de duração) e amplitude (profundidade da redução da atividade econômica) variáveis.

Um dos primeiros trabalhos sobre as "crises" foi publicado pelo banqueiro londrino John Mills ("Sobre os ciclos de crédito e a origem dos pânicos comerciais", 1867), que depois foi presidente da Manchester Statistical Society. Nele, Mills afirma: "É inquestionável que aproximadamente a cada dez anos ocorre um grande e rápido aumento da demanda no mercado de empréstimos, seguido por uma grande reviravolta [*revulsion*] e uma temporária destruição do crédito". E continua:

> De qualquer forma, a periodicidade das crises é um fato. A década que separa as crises são ciclos normais de desenvolvimento do crédito dentro das condições objetivamente existentes. Durante cada uma delas o crédito acompanha as mutações da vida: tem sua infância, sua juventude, sua maturidade e é vitimado pelo supercrescimento seguido de morte por colapso.

A coisa realmente interessante é que Mills: 1) intuiu que, em tais condições, o poder corretivo da variação da taxa de juros talvez fosse pequeno e 2) foi muito duro com os banqueiros de Lombard Street, afirmando que eram "o ignorante excitamento especulativo" e "a disposição de tomar riscos imorais" que estavam na base das crises. Em 2008, quase um século e meio depois, isso diz alguma coisa?

Entre 1867 (o trabalho pioneiro de Mills) e o início da Segunda Guerra, os economistas procuraram para tais "ciclos" todas as explicações possíveis. Construíram teorias psicológicas, teorias monetárias, teorias de superinvestimento e teorias de subconsumo. Para se ter uma ideia do que foi esse esforço coletivo para esclarecer o que Knut Wicksell chamou de "o enigma do ciclo", basta lembrar que em 2001-2, sob a direção de Harald Hagemann (um grande especialista), a Pickering & Chatto Publishers, de Londres, editou oito volumes (com quase 3 mil páginas) recolhendo os principais trabalhos publicados sobre o assunto em todo o mundo, entre 1860 e 1939 (o nosso John Mills está lá. É o terceiro artigo do volume I da Parte I).

A partir da Segunda Guerra Mundial, entretanto, parecia que os rápidos progressos da teoria monetária e a criação de Bancos Centrais

O CAPITALISMO E OUTROS "ISMOS"

operacionalmente autônomos — com a tripla missão de 1) controlar a taxa de inflação e preservar o emprego dentro dos objetivos fixados pelo poder político incumbente, 2) fiscalizar a higidez e a estabilidade do sistema financeiro e 3) ser o doador de liquidez de última instância com a garantia de bons colaterais e taxas punitivas — haviam tornado obsoleto o "ciclo de crédito", o que obviamente não é verdade.

Depois de Mills, Schumpeter e Keynes, é difícil deixar de reconhecer o fato intransponível: a "economia capitalista" tira as suas virtudes e os seus problemas da liberdade de inovação dos empresários, combinada com a disposição dos banqueiros de lhes dar crédito. Ambos têm humores ("espírito animal") que variam do otimismo exagerado ao pessimismo trágico, o que "explica" a inclinação ínsita à sua flutuação. Além do mais, verificou-se que ela tende a ampliar a desigualdade da distribuição de renda. Isso impõe, de um lado, um controle social das instituições de crédito que, sem inibir as inovações, elimine a sua "disposição de tomar riscos imorais", e, de outro, políticas públicas que corrijam as desigualdades.

O que parece paradoxal, ou pelo menos curioso, é que os mais recentes e sofisticados tratados de política monetária,* cujos modelos inspiram e orientam os economistas dos Bancos Centrais do mundo para controlar a inflação e reduzir os ciclos, não mencionem a palavra "crédito". Talvez seja assim mesmo! Como ensinou o velho Karl, se a aparência fosse igual à realidade, a ciência seria dispensável...

---

* Michael Woodford, *Interest & Prices: Foundations of a Theory of Monetary Policy*. Princeton: Princeton University Press, 2003; e Jordi Galí, *Monetary Policy, Inflation, and the Business Cycle: An Introduction to the New Keynesian Framework*. Princeton: Princeton University Press, 2008.

O capitalismo e as finanças

Publicado em 7 de abril de 2009

O EQUÍVOCO DE DIAGNÓSTICO e o viés ideológico devem ser evitados neste momento em que se pretende, em rápidas reuniões nas quais sobra poder e escasseiam ideias, reformar a "arquitetura do capitalismo", como se ele fosse uma coisa e não um processo. "Capitalismo" é o nome que se dá a uma organização social extremamente adaptativa que o homem descobriu no seu longo caminho desde que algumas famílias, há 200 mil anos, tocadas pela falta de alimentos, deixaram a África. Chegou-se a ela pela seleção histórica dentre as inúmeras formas de organização percorridas pelo homem na sua procura de uma que permitisse acomodar, simultaneamente, a eficácia produtiva e a liberdade individual. Ela tem três características: 1) não é plenamente satisfatória porque, quando deixada a si mesma, o nível de atividade (e, portanto, o nível de produção e do emprego) não é estável e, sendo um mecanismo que explora fortemente a competição, tende a acentuar a desigualdade entre os homens; 2) não é natural, isto é, não tem nada a ver com a "natureza humana" (seja lá o que isso for); e, 3) felizmente, não é imortal.

É, portanto, passível de aperfeiçoamentos. A história do século XX mostra um fato trágico. Cada vez que se tentou melhorá-la utilizando as ideias de cérebros peregrinos que imaginaram construir uma "sociedade solidária com um novo homem", a experiência terminou muito mal. Primeiro, perdeu-se a eficácia produtiva. Depois, atribuindo o fracasso à resistência do homem, tomou-se dele a liberdade. O desenrolar dessas experiências foi sempre o mesmo. O poder centralizado que não consegue impor sua "organização" pela resistência dos homens que se recusam a ir ao paraíso não vê nela suas dificuldades e, logo, exige mais poder para convencê-los. O resultado final foi sempre a ineficiência econômica precedida por um regime de terror político. Hoje a América Latina está no "estado da arte" na generosa busca de novas formas de organização social. Experiências se realizam com os Castro, com Chávez, com Correa e com Morales (e talvez com Lujo). Por que recusar a priori a hipótese de que talvez um deles passará à história como tendo "descoberto" a "sociedade solidária e construído o novo homem" que o mundo copiará?

Infelizmente, nenhum deles estará no G-20. Logo, este há de se contentar com projetos menos ambiciosos: consertar os males que a intermediação financeira produziu no sistema produtivo ao qual deveria servir. Desde meados do século XVII é evidente que, cada vez que as finanças dominaram a produção, em lugar de servi-la, produziu-se o caos.

O mundo vive hoje uma crise profunda que encerrou um ciclo de rapidíssima expansão. Entre 2003 e 2007 o PIB mundial real cresceu à taxa de 4,6% ao ano (contra 2,9% entre 1990-2002), a taxa de inflação nos países desenvolvidos caiu para 2,0% (contra 2,4% entre 1990-2002) e o volume de comércio internacional cresceu 8% ao ano (contra 6,2% entre 1990-2002). Simplificando ao máximo a origem dessa expansão, podemos dizer que ela resultou:

1. da disposição dos Estados Unidos de absorver os excedentes produzidos pelo resto do mundo, acumulando, entre 2003 e 2008, um déficit comercial de 4,5 trilhões de dólares;
2. da expansão dos países emergentes, beneficiados pelo enorme aumento de preços das matérias-primas (alimentos, petróleo) decorrente da desvalorização do dólar (que é a unidade de medida no comércio internacional), pela transformação da China

ECONOMIA É COISA SÉRIA

de importante exportadora em substancial importadora daqueles produtos e pelo rápido crescimento da demanda frente a uma oferta relativamente inelástica no curto prazo; e

3. da criação de enorme liquidez para financiar todo esse movimento através de "inovações" financeiras. Estas, supostamente, seriam capazes de estimar os "riscos" de qualquer papel e diluí-los em "derivativos". As consequências destas "inovações", no caso de uma quebra abrupta de confiança, nunca despertaram o menor interesse nos órgãos supostamente reguladores (Bancos Centrais, agências de risco e auditores privados).

É preciso reconhecer que, enquanto durou, o processo foi imensamente benéfico aos países emergentes. Suas frequentes dificuldades externas foram resolvidas pela expansão dos preços de suas exportações nominadas em dólares desvalorizados, pelo aumento da quantidade exportada e pela baixa taxa de juros incidente sobre suas dívidas externas fixadas em dólares nominalmente constantes. O caso brasileiro é paradigmático. Em 2002 estávamos "quebrados" (fomos ao FMI para não declarar um default durante o processo eleitoral). A dívida externa do governo era igual a 22 meses de exportação e as reservas não chegavam a 20 bilhões de dólares. Em 2008, a dívida do governo era igual a quatro meses de exportação e tínhamos quase 200 bilhões de dólares de reservas!

Foi isso o resultado de um significativo esforço exportador do Brasil? Claramente não, como se vê na tabela abaixo, onde se registra a participação do valor de nossas exportações com relação às exportações mundiais e em comparação com a China, onde o esforço foi extraordinário.

Participação nas exportações mundiais (%)

	Brasil	Coreia	China
1980-4	1,2	1,2	1,1
2002	1,0	2,6	5,2
2008	1,3	2,7	9,1

FONTE: OMC, 2008.

Esses números são trágicos: fingimos estar correndo apenas para ficar no mesmo lugar...

Antes de tentar mudar a arquitetura do capitalismo é preciso alertar que não se deve confundi-lo com as patifarias do setor financeiro. Estas foram feitas sob o nariz de um Estado omisso, e é este que deve ser ativado para o controle mais eficiente das finanças. Ele, entretanto, não deve inibir as "inovações", que foram e são fundamentais para a expansão da economia real. A eficácia da economia de mercado ("o capitalismo") continua a mesma, e os seus problemas também. Estes não serão resolvidos pelo G-20, mas pela própria evolução histórica...

De Belém a Davos

Publicado em 19 de maio de 2009

A ORGANIZAÇÃO DO SISTEMA econômico na maioria das atuais sociedades não caiu do céu. Nem foi obra de um projeto cerebrino. Ela é produto de uma evolução histórica. Um processo seletivo de formas alternativas que foram bem descritas por muitos autores e, de uma forma insuperável, por Karl Marx. Aliás, as últimas alternativas de substituí-la (o bárbaro stalinismo e o maoismo, que se mostraram inviáveis por seu custo material e humano) foram, originalmente, inspiradas pela traição do seu pensamento. Felizmente a "esquerda" brasileira sempre foi muito diversificada (leninistas, stalinistas, trotskistas, luxemburguistas etc.) e a melhor parte dela sempre combateu a ditadura soviética. Uma das cenas cômicas da política brasileira atual é ver alguns dos mais "fiéis stalinistas" proclamarem-se agora ferozes ético-democratas...

O que a história parece mostrar é que, sem o mercado, isto é, sem um mecanismo em que os preços se formem revelando as preferências dos consumidores e a escassez relativa dos fatores produtivos, é difícil encontrar a eficiência produtiva. Parece, também, que os mercados só se organizam eficientemente quando se apoiam na propriedade privada e são bem regulados pelo Estado na sociedade em que estão imersos.

O CAPITALISMO E OUTROS "ISMOS"

Há, por outro lado, razoáveis evidências de que novas formas de organização produtiva e o progresso tecnológico, que controlam o desenvolvimento, só surgem quando o Estado garante e estimula que os resultados dessas novas iniciativas sejam apropriados pelos seus autores. Foi nessa linha que a seleção "quase natural" dos sistemas econômicos foi evoluindo para chegar à situação atual: razoável eficiência produtiva, ampla liberdade individual e apropriação dos seus resultados pelos agentes mais ativos e competitivos. É a isso que se chama capitalismo. O grave problema com ele é que não reduz por si mesmo a desigualdade entre os indivíduos. Esse inconveniente se agrava porque o sistema é instável, revelando flutuações endógenas (na forma de ciclos econômicos), causando variações no nível de emprego, no nível de riqueza e no nível de pobreza, acentuando a desigualdade entre os cidadãos, que deve ser amenizada pela ação inteligente do Estado.

Quando se ensinava economia política na FEA/USP na segunda metade dos anos 1940, o professor Paul Hugon (um institucionalista) insistia nos três "pecados capitais do capitalismo": 1) é eficiente mas incapaz de acabar com a pobreza; 2) é compatível com a liberdade individual, mas incapaz de reduzir o nível de desigualdade; e 3) progride por ciclos dolorosos, impondo enormes custos aos trabalhadores.

Como corrigi-los? Hugon acreditava que a pobreza e a desigualdade podiam ser aliviadas ao longo do tempo pelo progresso da economia política e o sufrágio universal, isto é, pela urna, desde que esta não eliminasse a base do desenvolvimento, que é a apropriação pelos indivíduos dos benefícios resultantes de suas iniciativas.

Aos futuros economistas, acreditava o velho mestre, "está reservada a sublime tarefa de resolver o problema das flutuações indesejadas do sistema capitalista e as desigualdades que ele cria". Nem a urna nem os economistas cumpriram até agora essa profecia. Hoje, com a distância de meio século, podemos ver que as coisas ainda não se moveram nessa direção. Entretanto, a globalização, a livre movimentação dos capitais e a sucessão de crises que se abateram sobre as economias gestaram uma "consciência social" que começa a expressar-se mais claramente nos resultados eleitorais. Por outro lado, os avanços da teoria econômica não reduziram nem a pobreza, nem a amplitude dos ciclos econômicos.

149

ECONOMIA É COISA SÉRIA

Nos últimos cinquenta anos o mundo cresceu mais e com menores (mas ainda graves) flutuações do que em qualquer outro meio século de que se tem registro histórico. Infelizmente, o avanço em termos de superação da pobreza e desigualdade foi pequeno. A prova disso são o Fórum Social Mundial itinerante e o Fórum Econômico Mundial de Davos: FSM e FEM. As letras do meio, S (social) e E (econômico), estão a mostrar que os "três pecados capitais do capitalismo" ainda não foram corrigidos. Em Belém, no FSM, a média de idade dos participantes não devia chegar aos trinta anos. Era a vida querendo ser nietzschianamente vivida, folcloricamente representada na saudade de Woodstock por um jovem guitarrista e sua "mina" ao lado de uma barraca de lona na improvisada rua Karl Marx! Seu grito de guerra era contra o "capitalismo" e a sua angústia produzida pela fúria competitiva do mundo moderno. Em Davos, a média de idade era maior do que sessenta. Era a vida vivida, continuando a lamentar... e a aproveitar as flutuações do capitalismo.

Os novos modelos econômicos

Publicado em 29 de abril de 2014

A AMPLIAÇÃO DA MISSÃO dos Bancos Centrais foi, até agora, a mudança mais importante para enfrentarmos as futuras crises conjunturais ínsitas ao sistema de economia de mercado, cujo codinome é "capitalismo", e as crises estruturais produzidas pelo poder inventivo dos mercados financeiros. A história sugere que estes controlam primeiro o setor real da economia que não pode funcionar sem o crédito. Em seguida, lentamente, com a sutil defesa da absoluta liberdade de iniciativa, capturam o poder político, pondo em risco o sistema democrático, que é um dos poderosos instrumentos da construção de uma sociedade civilizada. Não há a menor dúvida de que um hígido e imaginativo sistema financeiro, capaz de suprir de crédito adequado o setor real e reduzir os riscos e os custos de transações, é fator decisivo na aceleração do desenvolvimento econômico. O problema é que não há a menor dúvida, também, de que a sua fértil imaginação — ainda mais quando apoiada em ilusória segurança matemática — é uma daquelas coisas boas que, em excesso, se transformam em catástrofe.

A política monetária é condição necessária, mas não suficiente, para levar à melhor taxa de crescimento sustentável, ao maior nível de emprego e ao equilíbrio de conta-corrente. É preciso insistir que,

ECONOMIA É COISA SÉRIA

por mais iluminada, competente e independente que seja, se não for acompanhada e coordenada com as políticas fiscal, cambial e salarial, ela só poderá atingir a sua "meta" a custos sociais que estão fora de toda razoabilidade do exercício político propriamente dito.

A crise de 2007-9 foi construída cuidadosa e seguramente desde os anos 1980 com o fortalecimento de relações incestuosas entre os governos, seus Bancos Centrais e o sistema financeiro. Qualquer pessoa que leia o famoso Relatório Pécora, que analisou, por ordem do Congresso americano, a crise dos anos 1930, ficará surpresa ao ver como os mesmos fatos e comportamentos que a gestaram voltaram a se repetir. A única diferença é que nos anos 1980 eles pareciam justificados por uma suprema mistificação matemática que seria capaz de calcular os "riscos" das transações financeiras. Levada ao paroxismo com a conivência das autoridades, ela produziu o monstro contra o qual continuamos lutando.

O colapso do Lehman Brothers não foi a causa da crise. Foi apenas a manifestação mais visível que terminou com a ilusão da "grande moderação", durante a qual um arrogante e suposto conhecimento acreditava ter eliminado as crises ínsitas do capitalismo e abusava do mais modesto que humildemente sugeria a possibilidade de que, com incentivos equivocados, estávamos estimulando um desastre. Nada é mais representativo dessa situação do que a reação mercurial de Larry Summers às observações do excelente Raghuram Rajan, em 2005, sobre os "incentivos perversos" instituídos no sistema financeiro: ele o chamou de ludista, alguém para quem qualquer progresso tecnológico é socialmente nocivo. Aliás Summers, secretário do Tesouro dos Estados Unidos em 1999-2000 (nove anos antes da crise), quando Brooksley Born, então *chairwoman* da U.S. Commodity Futures Trade Commission, propôs-lhe a regulação de alguns derivativos financeiros, respondeu: "Estou aqui com treze banqueiros. Eles garantem que se você fizer isso vai criar a maior crise financeira desde a Segunda Guerra Mundial". Hoje, conhecendo as patifarias que escondiam, devemos lhes dar um voto de confiança. Eles sabiam o que estavam dizendo...

O resultado da crise foi, paradoxalmente, um enorme descrédito sobre a atividade privada e o uso do sistema de preços para coordenar as atividades econômicas. Criou-se a convicção de que o Estado foi o salvador de última instância, mesmo quando a crise foi gestada no seu ventre. O evento Lehman Brothers foi a faísca que encontrou o gás tóxico espalhado em todo o sistema financeiro, e o fez explodir na forma da mais absoluta desconfiança entre os agentes da irmandade financeira. Com isso eliminou-se o crédito que é o oxigênio da atividade real. E esta colapsou! Desempregou 40 milhões de trabalhadores, destruiu a riqueza de milhões de cidadãos honestos. Poupou, exatamente, a dos que, com "incentivos perversos", a produziram! A sensação de descrença e impunidade é uma das razões dos protestos sociais que, em todo o mundo, estão pondo em xeque o processo democrático fundamental para a construção de uma sociedade civilizada.

Num mundo onde o futuro é opaco e não repete o passado, onde as tensões e atritos sociais se acumulam porque os agentes aprendem a defender-se da ação do governo e onde predomina a complexidade, emergências são sempre uma possibilidade. Temos de nos conformar, portanto, com o fato de que mesmo nossos modelos mais sofisticados não puderam prever a crise porque, por definição, ela é uma emergência possível, mas não previsível. O problema é que eles não continham em si a possibilidade de sua ocorrência. Hoje sabemos que um bom modelo deve, pelo menos, internalizar uma pequena probabilidade do seu suicídio...

A tragicomédia
da propaganda eleitoral

Publicado em 16 de setembro de 2014

UM DOS GRANDES MITOS de até pouco tempo era que o socialismo é a forma mais adequada de organizar a sociedade. Só ele produziria a felicidade geral. A ideia é velha. Não existe pensador que se preze que não tenha construído a sua utopia, na qual um rei-filósofo, desinteressado de si e preocupado apenas com o bem-estar dos seus súditos, organiza racionalmente a sociedade. A figura do rei varia. Pode ser o proletariado ou sua vanguarda de intelectuais escondidos em alguma igreja secreta. Pode ser o partido que se assume como seu representante. Pode ser o Vaticano. Nunca é o cidadão, o ser individual que se entristece ou se alegra, quem determina como deseja viver. É o rei quem determina do que ele precisa para ser feliz. Por construção, o rei sabe mais do que ele. O rei é bom. É racional. É impessoal. É justo. O rei pode até ser a vontade da maioria desinformada na urna. A tragédia é que a verdade só é descoberta tarde demais...

A juventude, vivendo num mundo cruel sujeito às leis da escassez, assiste a um quadro de desigualdades exageradas e reage indignada. É levada a acreditar que tudo isso é produto do "miserável capitalismo" e aceita sem crítica o mundo do "maravilhoso socialismo". Compara o miserável capitalismo real com o perfeito socialismo ideal. Não tem a

154

O CAPITALISMO E OUTROS "ISMOS"

menor preocupação em tentar saber se o programa que o socialismo ideal promete sem custo (liberdade, igualdade, justiça e felicidade) foi alguma vez na história capaz de produzir uma sociedade civilizada.

Os homens mais sofridos e que já perderam aquela esperança comparam o miserável "socialismo real" que a história lhes revelou com o maravilhoso "capitalismo ideal", no qual todas as condições que encantam alguns economistas são satisfeitas. Nele o rei mercado realiza automaticamente o máximo de eficácia produtiva, com plena liberdade individual e uma distribuição de renda aceitável. Pois bem: nem o capitalismo ideal nem o socialismo ideal existem. São apenas sedutores entes metafísicos.

O paleoliberalismo exacerbado do rei mercado e o voluntarismo extremado do rei burocrata são, ambos, produtos de cérebros peregrinos. Ignorando-os, os homens normais — de carne e osso, que vivem do trabalho honesto — foram encontrando ao longo da sua história, por tentativa e erro, através de um processo seletivo quase biológico, instituições que levaram a uma organização social apoiada na liberdade de iniciativa. Descobriram que esta estimula a criação e a apropriação de conhecimentos tecnológicos, o que engendra uma crescente eficiência produtiva. Em larga medida os mercados são o produto da cooperação natural espontânea entre os homens que possibilitou a vida em sociedade. Com eles, a divisão do trabalho aumentou a eficiência produtiva e coordenou as necessidades de cada um com a capacidade dos outros para atendê-las. Mas os mercados não são o capitalismo.

O capitalismo é o velho mercado da Antiguidade, somado a mais um — "o mercado de trabalho" — e à instituição da propriedade privada. Ele separou a sociedade em duas classes: os detentores do capital e os que lhes vendem a sua força de trabalho. Isso aumentou ainda mais a eficiência produtiva, mas criou dois graves problemas: por um lado, produziu uma exagerada desigualdade de renda e, por outro, aumentou as incertezas do trabalhador com a aleatoriedade do seu emprego. É por isso que o capitalismo só funciona quando protegido por um Estado forte, constitucionalmente limitado, capaz de garantir a propriedade privada e de regulá-lo para reduzir seus inconvenientes.

O capitalismo não é uma coisa: é um instante de um processo evolutivo que prossegue e vai construindo instituições que vão tornando viável a sociedade civilizada. Esta tenta combinar valores não inteiramente compatíveis: a plena liberdade de iniciativa que cria o homem; a construção continuada da igualdade de oportunidades para todos que dá estabilidade à sociedade e a garantia de funcionamento eficiente do sistema produtivo a fim de que cada um tenha mais tempo para realizar a sua humanidade.

O "socialismo real" morreu. Não foi o estágio superior do capitalismo como se esperava. Foi apenas o seu medíocre substituto que subsiste em alguns países subdesenvolvidos. Setenta anos depois da célebre afirmação de Stanislav Strumilin, influente economista da falecida União Soviética que escreveu que "nossa tarefa não é estudar a economia, mas mudá-la. E mudá-la precisamente no sentido do voluntarismo, pois não estamos sujeitos a nenhuma lei",* pudemos verificar como era falsa a concepção do rei burocrata.

Diante desse panorama, não deixa de ser trágico (e cômico!) assistir na propaganda eleitoral, na televisão, à indecente desonestidade intelectual de um dos lados e à indigente ausência de ideias do outro. Competem à altura com a triste figura de uma retrógrada "verdadeira esquerda nacional" que classifica a si mesma como "progressista" e "democrática". Progressista, porque sugere repetir experiências fracassadas. Democrática, porque acredita ser portadora de uma visão privilegiada do mundo.

---

* Stanislav G. Strumilin, "Industrializatsiiia i epigony narodnichestva" [Industrialização e epígonos do populismo], *Planovoe Khoziaistvo*, n. 7, 1927.

Liberalismo e capitalismo

Publicado em 23 de setembro de 2014

UM SENTIMENTO DE CRISE permanente nos é transmitido desde o primeiro livro de história da civilização que enfrentamos. Toda a história do homem é exposta como a história dos problemas do homem. Não se trata de uma narrativa dos problemas do homem com a natureza, da qual faz parte e da qual se distanciou pela capacidade de pensar-se e de pensá-la como entidade separada, mas dos problemas do homem com o homem. Ela é sempre a história do poder: da insuperável tendência permanente de alguns homens de sujeitar os outros à sua vontade. São sempre minorias (ou maiorias) que tentam, pela persuasão ou pela força, quebrar a vontade de maiorias (ou minorias) e submetê-las à sua própria vontade.

O homem começou a viver da agricultura e a instalar-se em pequenas vilas há pouco mais de 10 mil anos. Tão logo suas necessidades vitais de sobrevivência física puderam ser razoavelmente atendidas sem a obediência às normas estabelecidas pelo mais forte, ele passou a procurar mecanismos de administração de suas inter-relações. Mecanismos que fossem capazes de assegurar a coesão e a defesa contra as "vontades" exteriores ao grupo. Que, além disso, impedissem que a mínima hierarquia necessária a qualquer tipo de sociedade, para lhe dar um mínimo

ECONOMIA É COISA SÉRIA

razoável de funcionalidade e estabilidade, fosse fonte de uso abusivo do poder por alguns. Ninguém os inventou: eles emergiram da prática da cooperação adaptativa natural que facilitava a vida do grupo.

Na longa caminhada em que o homem construiu-se a si mesmo, ele acabou entendendo que só existe um meio eficaz de controle do poder: a lei que não transcende ao homem, que não existe fora dele. Ela é produto de uma ética seletiva conveniente, aceita consensualmente para a comodidade e coesão do grupo. Nesse sentido talvez seja a maior manifestação de humanidade do animal-homem, pois estabelece o desejo de igualdade onde a natureza estabeleceu a hierarquia. Estabelece o respeito onde a natureza estabeleceu a submissão. Estabelece a perpetuação onde a natureza estabeleceu a morte.

Ao abandonar a comodidade que a natureza lhe oferecia, com sua hierarquia natural, suas regras estritas de sobrevivência e seu processo de seleção, o homem escolheu um caminho difícil. Desgarrando-se da natureza, verificou que estava só, tendo que produzir suas próprias normas de comportamento, de acordo com sua própria conveniência e vontade.

É por isso que, tendo a partir do século XVI ocupado efetivamente todo o globo terrestre e apreendido da natureza uma noção de ordem inelutável, que deu nascimento às ciências físicas, os homens tiveram a esperança de que suas inter-relações fossem também comandadas por forças externas que garantiriam a harmonia dos seus interesses. Bastava-lhes, portanto, descobrir as "leis naturais" dessas inter-relações e obedecer a elas para que tudo se acertasse.

Tratava-se de doce ilusão. Tendo abandonado a natureza, por que esta haveria de oferecer-lhe um caminho seguro? Em meados do século XIX, com Marx, o homem foi inexoravelmente forçado a enfrentar essa assustadora verdade. Entretanto, todas as tentativas de implementação de um empobrecedor marxismo-economicista acabaram por negá-lo: produziram sociedades nas quais o problema do poder é resolvido ou com a eliminação pura e simples do "outro", ou por uma cópia do modelo que o processo de evolução impôs às formigas.

O homem compreendeu que resolver o problema do poder consiste em encontrar uma resultante adequada dos dois vetores de comporta-

O CAPITALISMO E OUTROS "ISMOS"

mento que o separaram do mundo puramente animal: a busca incessante da igualdade e da liberdade, como valores próprios da ética que construiu. Mas desde cedo apreendeu também que essa resultante é difícil de encontrar porque aqueles dois valores, depois de um certo limite, se destroem mutuamente.

Apesar de todas as dificuldades, o liberalismo político, que obteve sua certidão de nascimento com a Revolução Inglesa de 1688, deu margem à expansão das atividades econômicas apoiadas sobre a formação de uma burguesia extremamente ativa e razoavelmente independente do Estado. Até agora foi a única organização social capaz de compor de forma razoável e estável aqueles dois vetores. A combinação do liberalismo político com o capitalismo não é o fim da história. É um sistema que continua em evolução empurrado pelo sufrágio universal. Certamente, não é o regime "ideal", mas parece melhor do que todos os outros. O seu funcionamento na Europa Ocidental, na Escandinávia e nos Estados Unidos mostrou que ele possui uma capacidade quase infinita de continuar a adaptar-se na busca da sociedade civilizada que é o objetivo do homem.

A evolução social e econômica desses países mostra claramente que o liberalismo político é incomparavelmente superior a todos os "inventados" por cérebros peregrinos, e que aquilo que se tem qualificado de socialismo (quando não se refere ao "socialismo" daqueles mesmos países) não tem sido mais do que um capitalismo de Estado, administrado por burocracias extremamente ineficientes e, em geral, tão corruptas quanto a burguesia. Infelizmente, a história mostra que a verdade é sempre descoberta tarde demais...

O jogo político e a história

Publicado em 17 de março de 2015

HÁ QUASE UM SÉCULO (20 de agosto de 1918), Lênin escreveu uma carta aos trabalhadores americanos na qual afirmou:

> Mesmo se para cada cem coisas corretas que estamos fazendo cometermos 10 mil erros, nossa revolução será ainda — e o será no julgamento da história — grande e invencível. Porque esta é a primeira vez que não apenas uma minoria, não apenas os ricos, não apenas os educados, mas a massa real, a maioria esmagadora dos trabalhadores, está construindo uma nova vida e está, com sua própria experiência, resolvendo os mais difíceis problemas da organização socialista.

Obviamente, Clio negou-lhe o seu aval. Antecipar o futuro é sempre muito arriscado. O economista dos economistas da minha geração, Paul A. Samuelson, provou do mesmo veneno. Na 13ª edição de seu *Economia*, em 1989, ainda escreveu: "A economia soviética é a prova de que, ao contrário do que muitos velhos céticos acreditavam, uma economia socialista de controle centralizado pode funcionar e mesmo prosperar". Errou duas vezes. Ela quebrou em 1991 e há sérias suspeitas de que pelas razões apontadas pelos velhos céticos...

O CAPITALISMO E OUTROS "ISMOS"

Todos sabemos que a União Soviética implodiu por uma constelação de erros econômicos e corrupção política, sob o jugo dos herdeiros daquela "vanguarda" partidária que em 1917 convencera o mundo intelectual de que era portadora do segredo do sonho generoso de como organizar a sociedade para a felicidade geral, o "socialismo". Com ele todos os trabalhadores teriam, ao mesmo tempo, liberdade, igualdade e eficiência produtiva gerada não pelo lucro egoísta estimulado pelo "capitalismo", mas pelo natural altruísmo dos homens. Infelizmente, apesar de assumirem o poder absoluto, fracassaram! Tudo terminou melancolicamente setenta anos depois, mas não sem antes ter-lhes roubado as três.

O curioso é que em 1919, durante a revolução comunista de Béla Kun, na Hungria, György Lukács, pragmaticamente, já esquecera o "altruísmo" e escreveu (em "O papel da moral na produção comunista", nos *Ensaios sobre a ideologia e a política*): "Se os trabalhadores não adotarem imediata e espontaneamente uma disciplina de trabalho e aumentarem a sua produtividade, o proletariado deve aplicar a ditadura a si mesmo [sic], isto é, devem ser criadas instituições que os obriguem a fazê-lo". Tinha razão George Orwell: "Um homem tem que pertencer à intelligentsia para acreditar numa coisa como essa"! Os ainda não convencidos devem ler Miklós Haraszti, *A Worker in a Worker´s State* (1977).

A esquerda consagrou Lukács como o Galileu do século XX, mas no século XXI persiste a indignação de alguns de nossos intelectuais que continuam a pretender-se "vanguarda". Não se conformam com a "alienação" que os trabalhadores revelam nas urnas nos processos democráticos livres. Como é possível que, apenas porque gozam de relativo conforto no emprego, têm um salário razoável para sustentar sua família, contam com alguma segurança e têm alguma garantia de uma modesta aposentadoria, rendam-se à sociedade "consumista" e "exploradora" produzida pelo indecente "capitalismo"? Por que, afinal, negam-se o "direito" de entregar-se à "democracia" que eles lhes oferecem e que os levará ao paraíso do "socialismo"?

A explicação cínica e talvez a verdadeira é que o trabalhador "alienado" aprendeu que a tal "esquerda" está, em geral, confortavelmente instalada no serviço público, gozando seus "direitos conquistados"

ECONOMIA É COISA SÉRIA

pagos com os recursos que o maldito Estado capitalista extrai dele! Aprendeu na vida real o que a "vanguarda" finge ignorar: a igualdade prometida significa, no fundo, mais Estado, e a busca da igualdade absoluta significa o Estado absoluto que, para compensar sua ineficiência absoluta, sempre exige o fim da liberdade. Os experimentos históricos mostraram que, quando a "igualdade" se torna mais importante do que a "liberdade", esta é sacrificada, como sugeriu Tocqueville no século XIX.

O grande sociólogo alemão Robert Michels, que estudou a dinâmica organizacional dos partidos políticos, enunciou uma proposição até agora não desmentida: "Os socialistas podem ganhar, mas não o socialismo. Este perecerá no mesmo momento em que seus seguidores triunfarem". Não há como conciliar, pela força, liberdade, igualdade e eficiência produtiva. O insuperável Adam Smith, há 250 anos, na sua *Teoria dos sentimentos morais* (1759), já alertava seus leitores contra aqueles que se julgam sábios e "imaginam que podem organizar os membros de uma grande sociedade com a mesma facilidade com que organizam as peças de xadrez num tabuleiro".

No momento em que nossa juventude continua sendo miseravelmente deseducada pela história "criativa" promovida pelos mesmos "intelectuais" financiados pelo governo, é preciso insistir. Não há caminho especial para a realeza na construção da sociedade civilizada! Ela tem de resultar do jogo democrático dinâmico e continuado entre o mercado e a urna. As alternativas sugeridas nunca levarão a ela. São atalhos propostos ou pela direita boçal cuja ditadura dura vinte anos, ou pela esquerda imbecil que costuma durar setenta...

Reminiscências de um socialismo infantil...

Publicado em 11 de outubro de 2016

HÁ 74 ANOS, COM CATORZE, fui trabalhar como office boy, na Companhia Gessy Industrial. Criada por um inteligente imigrante italiano, ela fabricava, em 1942, produtos de higiene pessoal que competiam bem com os das concorrentes estrangeiras aqui instaladas. Os tempos eram lentos. A única comunicação direta com os clientes era através da correspondência escrita, sujeita às vicissitudes do velho correio nacional. A qualidade e a precisão da comunicação da empresa com seus compradores eram, assim, absolutamente decisivas para o seu sucesso.

Na Gessy, tive a sorte de trabalhar com o correspondente-chefe que garantia essa interlocução, o sr. Ayrton Alves Aguiar, um verdadeiro "triple A"! Cultura aberta (médico sem exercer a profissão), generoso, crente da objetividade da ciência, era um libertário que beirava o anarquismo. Cultivava o socialismo "enrustido" da Coleção Espírito Moderno. Dirigida por Anísio Teixeira e Monteiro Lobato, publicava obras de socialistas "fabianos", como H. G. Wells, que ele me convenceu a ler. Cheguei assim, aos dezessete anos, um convicto "socialista fabiano", com a certeza de que era possível construir uma sociedade melhor, onde houvesse liberdade individual e relativa igualdade, desde

ECONOMIA É COISA SÉRIA

que fosse gerida por uma burocracia esclarecida e generosa num regime de propriedade coletiva dos meios de produção.

Não me lembro de qualquer menção, naquela literatura, a como na tal sociedade se coordenariam os desejos de milhões de consumidores livres, com a ação de milhões de agentes estatais que deveriam produzir os bens que os satisfariam. Em 1948, no primeiro ano do curso de economia na FEA/USP, provocado por meu exibicionismo, o ilustre professor Paul Hugon, pacientemente, abalou as minhas crenças. Explicou os problemas daquela coordenação estudados por economistas entre 1920 e 1930 e chamou minha atenção para Marx (que os fabianos detestavam por sua "metafísica"), que se esquivara do problema com uma platitude: "De cada um de acordo com suas habilidades e para cada um de acordo com as suas necessidades"...

É difícil entender a deliberada ignorância desse problema quando se sabe que a construção de uma sociedade "perfeita", em que os homens viveriam livremente em idílica harmonia, sempre foi o objetivo dos grandes sonhos utópicos, desde Platão, na forma dos mais variados "comunismos". É estranho que não se tenha prestado atenção às razões do fracasso de centenas de experiências pioneiras na construção de sociedades inspiradas nos pensamentos socialistas de Robert Owen e Charles Fourier, por exemplo. Elas tentaram realizar, em miniatura, a autogestão com liberdade, igualdade e eficiência na sua sustentação material. Foram centenas de comunidades criadas ao redor do mundo. Só no Brasil tivemos pelo menos quatro: três em Santa Catarina e uma no Paraná, a famosa "Colônia Cecília", fundada pelo italiano Giovanni Rossi.

É perigoso generalizar, mas todas começaram com fervor (quase religioso) de abdicação, altruísmo e esperança. E todas terminaram muito mal, quer por pressões externas, quer porque a prática mostrou que a coordenação das atividades autogeridas encontra dificuldades cuja solução exige alguma hierarquização, e isso desperta forças desagregadoras. Nunca foram comunidades importantes. A macroexperiência foi apoiada no pensamento de Marx. Começou como a esperança de libertação da humanidade, sob a admiração quase unânime da inteligência internacional: a construção de Lênin na Rússia. Terminou também de forma trágica. Mesmo com o poder absoluto durante setenta anos, não foi capaz de resolver o velho problema da coordenação.

Talvez já seja tempo de deixar de lado a busca do grande sonho da sociedade "perfeita" e reconhecer a possibilidade de construção de uma sociedade "civilizada" mais modesta, que atenda a pelo menos três condições: 1) dar a todos a plena liberdade para realizarem as suas potencialidades, 2) igualizar as oportunidades para cada um, reduzindo o acidente do local de seu nascimento e mitigando as transferências de poder intergeracional que a acumulação da riqueza confere e 3) resolver o problema da coordenação através de um Estado forte, constitucionalmente controlado, capaz de regular o bom funcionamento dos mercados, o que — com sólidas instituições — permite uma "acomodação" da liberdade com a igualdade e a eficiência produtiva, valores não inteiramente compatíveis. Os mercados estão longe de ser perfeitos. São uma construção do homem — um instrumento — que resolve de forma satisfatória o problema da coordenação, aumenta a produtividade do trabalho e reduz o tempo de que ele precisa para atender à sua subsistência material, o que lhe dará cada vez mais tempo livre para realizar a sua humanidade.

Isso revela três fatos: 1) que a economia nunca poderá ser uma disciplina independente dos valores da sociedade que se quer construir, 2) que é melhor pôr de lado a "utopia" (sem esquecê-la) e aceitar, pragmaticamente, que não sabemos como construir uma sociedade "civilizada" sem o uso de mercados bem regulados e 3) que, como sempre souberam os economistas clássicos (e Marx), produzir é um problema técnico. Distribuir é um problema político, que cobra o seu preço no desenvolvimento de longo prazo...

UM OLHAR PARA O MUNDO

Temas internacionais

Brasil e Coreia

Publicado em 19 de fevereiro de 2008

EM MEADOS DE 1961, o general Park Chung-hee assumiu o controle da junta militar coreana que havia deposto o governo eleito. Em seguida elegeu-se três vezes (1963, 1967 e 1971). Acabou assassinado num golpe de Estado em 1979. O regime político na Coreia do Sul continuou fechado até 1988, quando se instalou a "Sexta República" como uma democracia multipartidária. No Brasil, entre 1970 e 1972, a economia crescia à taxa de 11,2%, a inflação havia caído de 19,3% para 15,7% e as exportações cresciam à taxa anual de 20,7%. O vetor portador do crescimento tinha três componentes: 1) um vigoroso mercado interno, 2) um obsessivo programa industrial-exportador e 3) um forte suporte creditício e tecnológico ao setor agrícola. A base macroeconômica dessa política foi a ampla reforma feita na organização nacional entre 1964 e 1967.

Em 1972, um amigo em cujo depoimento confio absolutamente teve uma longa conversa com o general Park, recém-reeleito. Este conhecia a experiência brasileira e a considerava pouco ambiciosa. E mais: inadequada para a Coreia devido às formidáveis diferenças históricas, geográficas, culturais e de recursos naturais dos dois países. Em 1972 o Brasil tinha 98 milhões de habitantes e a Coreia, 34 milhões. Park

ECONOMIA É COISA SÉRIA

expôs o programa de desenvolvimento que tinha em mente. Falou de seis setores que atacaria simultaneamente. Deu ênfase ao fato de que eles seriam "protegidos" (com taxa de câmbio, tarifas e crédito barato) até adquirirem musculatura para serem expostos à competição do mercado externo: 1) a indústria do aço, 2) a indústria pesada de máquinas, ferramentas e equipamentos, 3) a indústria química, 4) a indústria naval, 5) a indústria eletrônica e 6) a indústria automobilística. Ele tinha uma ideia clara de onde iria instalar tais indústrias e quais grupos (ou famílias) locais seriam "escolhidos" para realizar cada tarefa. Em 1971, a Coreia havia exportado 1,13 bilhão de dólares (o Brasil, 2,90 bilhões). Park afirmou que esperava no fim da década que 50% das exportações coreanas fossem de produtos daqueles setores.

Ao meu amigo tudo pareceu um lindo sonho com baixa probabilidade de se tornar realidade. A Coreia vinha fazendo progresso e tinha algumas condições iniciais interessantes: uma cultura milenar, uma distribuição de renda mais razoável (havia feito a reforma agrária) e um nível melhor de educação, mas tinha, como nós, um problemático passado colonial. Uma reflexão cínica levou-o a suspeitar que, no fundo, o que Park realmente queria era dar à Coreia uma certa "autonomia militar" (o que se confirmou depois, quando o país se transformou, juntamente com a França e o Japão, em exportador de tecnologia para produzir energia nuclear). Em janeiro de 1973 Park anunciou à nação seu "programa de industrialização": o mesmo exposto acima! Suas projeções para 1980, que pareciam sonho, foram amplamente superadas.

Meu amigo nunca esqueceu a capacidade e a inteligência de Park de "ver" o futuro. Ele certamente foi um déspota pouco benevolente, mas soube aproveitar a oportunidade que a expansão mundial lhe ofereceu para desenvolver a Coreia. Em 1972 o seu PIB per capita (medido em paridade do poder de compra) era uma fração do nosso. Hoje é 2,5 vezes maior.

Por que esta história agora? Por quatro motivos: 1) porque ela mostra que a nação que não se pensa 25 anos à frente será sempre apenas o que os outros fizeram dela; 2) porque é um contrafactual ridículo sugerir que o desenvolvimento coreano teria sido mais eficiente se feito com "os preços certos estabelecidos pelos mercados". Sejamos minimamente

UM OLHAR PARA O MUNDO

honestos: o mercado jamais o teria realizado porque nenhum investidor privado correria os seus riscos; 3) porque é ainda mais falso e ilusório supor que ele hoje possa ser repetido, como alguns ainda sugerem; e 4) porque a Coreia (como a China agora) não usou o Estado-Produtor, mas o Estado-Indutor, cooptando o setor privado, que é o que o Brasil precisa fazer, "sem medo de ser feliz"...

É inteiramente óbvio que, se em lugar de termos insistido na Siderbras, por exemplo, tivéssemos feito parcerias (ainda que tenebrosas como as coreanas e as chinesas!) com dois ou três investidores privados (nacionais ou estrangeiros), seríamos hoje, provavelmente, o maior produtor de aço do mundo, em lugar do maior catador de minério de ferro... O que deu certo no passado (estradas, hidrelétricas, portos) foi exatamente o que o Estado contratou com o setor privado!

Deve ser claro que pensar o Brasil 25 anos à frente exige esquecer definitivamente o Estado-Produtor, esmagado pela força de gravidade da massa corporativa que o parasita. É imperativo continuar a transferir com a maior urgência possível o Estado-Produtor da infraestrutura para o setor privado, com leilões competitivos transparentes e eficientes. E controlá-lo através de agências independentes que garantam a continuidade da concorrência e protejam os consumidores.

Para quem ainda tem dúvida sobre a ineficiência do Estado-Produtor, mesmo naquilo que só ele pode fazer (bens públicos), recomendo a leitura da magnífica monografia *Estudo comparativo das despesas públicas dos estados brasileiros* (de Júlio Brunet, Ana Berlê e Clayton Borges), para a qual chamou atenção a excelente jornalista Cláudia Safatle, do *Valor*. Imaginem o que seria ele fazendo estradas, hidrelétricas, comunicação, saneamento, portos et coetera...

Lições da Noruega

Publicado em 2 de setembro de 2008

APESAR DAS ESPETACULARES diferenças de tamanho, demografia, nível de educação e bem-estar entre o Brasil e a Noruega, convém observá-la de perto. Temos muito a aprender com sua experiência. Talvez ela seja o único país que transformou de maneira adequada uma riqueza inesperada — a descoberta de um recurso não renovável, o petróleo — num instrumento de desenvolvimento econômico e social para a geração presente e de distribuição equânime para as futuras, sem destruir, com uma taxa de câmbio inapropriada, outros setores industriais e de serviços.

Pela ação de um Estado-Indutor, os noruegueses enfrentaram antecipadamente os possíveis inconvenientes da libertação, por obra de um acidente histórico-geográfico, dos constrangimentos impostos ao crescimento da sua economia pelo déficit em conta-corrente. Partiram da verificação empírica, revelada pela história de muitos países, de que a exploração de recursos naturais com robusta demanda externa pode ser uma tragédia. Entenderam que ela, quando deixada apenas aos cuidados do mercado, tende a produzir uma valorização cambial que, no curto prazo, reduz a competitividade dos outros setores da economia e a médio e longo prazos reduz o bem-estar social. Incorporaram ainda

UM OLHAR PARA O MUNDO

outras duas evidências (frequentemente negadas pelos estadofóbicos com argumentos especiosos):

1. que a supervalorização cambial, mesmo temporária, pode causar perda definitiva da competitividade de alguns setores pela redução dos lucros, o que leva à desatualização tecnológica (a "geração" de nova tecnologia varia entre três a cinco anos) e aumenta a penetração externa, reduzindo os ganhos internos de dimensão que são, assim, transferidos para as indústrias dos países exportadores; e
2. que a proteção bem escolhida e temporária pode criar vantagens comparativas definitivas, porque o "aprender fazendo" é uma realidade que sobreviveu a todas as tentativas "científicas" de mostrar que ela é uma ilusão.

Sobre esses pilares, a Noruega montou um sistema de administração do recurso não renovável que assegurou a internalização do próprio processo industrial de sua exploração, bem como a competitividade dos outros setores de bens e serviços de alta tecnologia no mercado mundial. Estes, juntamente com a equanimidade distributiva geracional, são os dois problemas que a sociedade brasileira (não o governo) terá de enfrentar e resolver com a descoberta do pré-sal, e para cuja solução a experiência norueguesa pode ser uma inspiração. Em particular vamos ter que reconhecer que, quando o petróleo já estiver extraído e disponível, teremos de transformá-lo em dólares e estes em reais, que é a única moeda com a qual o governo pode pagar suas compras de bens e serviços. Fazê-lo sem produzir um excesso de demanda (e, logo, inflação) e/ou uma valorização desastrosa da taxa de câmbio não será, certamente, um problema trivial.

Mas há outro setor onde podem aprender: o da cuidadosa e paciente aplicação da política monetária. Desde 2001 a Noruega usa um sistema de meta inflacionária de forma muito flexível. Ele orienta-se para produzir uma taxa de inflação anual baixa e estável de aproximadamente 2,5% ao longo do tempo (hoje está em 4,3%). A sua ambição, entretanto, é imensa: além disso, objetiva a estabilidade interna e externa da coroa, contribuindo com uma expectativa de estabilidade para a evolução da taxa de câmbio. Ao mesmo tempo, a política monetária colabora com a política fiscal, contribuindo para o desenvolvimento e o emprego estáveis.

Ao comprometer-se com o ministro das Finanças para a execução desse mandato, o Norges Bank, o Banco Central norueguês, informou-o (carta de 27 de março de 2001) de que:

> A política monetária tem efeitos consideravelmente retardados. Consequentemente, o Banco tem que olhar à frente na fixação da taxa de juros. Como os efeitos desta são incertos e variáveis no tempo, sua manipulação deve ser feita gradualmente de forma que possamos avaliá-los juntamente com novos fatos econômicos. Se a taxa de inflação desviar-se substancialmente da meta, o Banco fixará uma taxa de juros com o objetivo de fazê-la retornar gradualmente a ela, tentando evitar desnecessárias flutuações na demanda e na produção.*

O cuidado da política monetária com a manutenção de uma taxa de câmbio competitiva que é seriamente afetada pelo diferencial de juros interno e externo pode ser apreciado pela equação de comportamento do Banco Central. Ela envolve a famosa fórmula de Taylor (taxa de juros do Norges Bank = meta inflacionária + taxa de juros real de equilíbrio + 1,5 (inflação - meta) + 0,5 (PIB - PIB potencial)) ponderada com peso 0,5 somada à taxa de juros dos parceiros externos da Noruega com peso 0,5. A taxa de juro externa é, assim, explicitamente incluída na fixação do juro interno.

Apenas para mostrar como a política monetária envolve menos "teoria" e mais arte e paciência, reproduzimos abaixo a estimativa do *output gap* (a diferença entre o PIB estimado e o PIB potencial) construído pelo Norges Bank. Ela mostra a enorme variância da variável quando se considera um intervalo de confiança de +/- um desvio padrão (que com hipóteses muito restritivas abrigaria, com a probabilidade de 2/3,

---

*   Norges Bank, *Annual Report 2007*. p. 52.

o seu verdadeiro valor). Nota-se que em 2007 o *output gap* estava estimado entre 1% e 4% do PIB, o que significa 0,75% a mais ou a menos na fórmula de Taylor e, com a correção da taxa de juros externa, 0,38%, cuja importância se avalia pela taxa praticada pelo Norges Bank em 2007 (em torno de 4,8%, hoje 5,8%).

Gráfico 5. Estimativa do *output gap* (1980-2007)

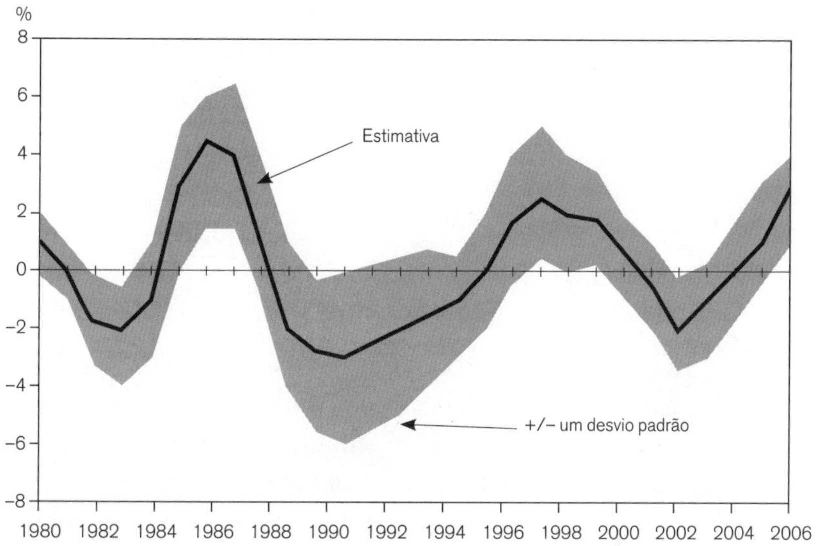

FONTE: Norges Bank.
ELABORAÇÃO: Ideias Consultoria.

O milagre chinês

Publicado em 26 de maio de 2009

AGORA QUE A DURA REALIDADE começa a ensinar que "negócio da China só existe para chinês...", talvez seja interessante tentar entender como foi criado o mais importante fenômeno econômico do último quartel do século XX. É claro que, como todo processo histórico, ele tem múltiplas causas. Num supremo esforço reducionista, entretanto, podemos encontrar a sua *causa causans* (a causa de todas as causas) na continuação do movimento estratégico dos Estados Unidos para isolar a União Soviética. Ele foi iniciado logo depois da vitória na Segunda Guerra e perseguido com afinco durante a Guerra Fria.

Na conferência de Potsdam (de 17 de julho a 2 de agosto de 1945), os representantes dos Estados Unidos, do Reino Unido e da extinta União Soviética decidiram como administrariam, em conjunto, a vencida Alemanha nazista e impuseram um ultimátum ao Japão. Este rendeu-se, incondicionalmente, depois de experimentar os efeitos devastadores de duas bombas atômicas e foi ocupado, administrativamente, pelos Estados Unidos. A intrigante história das relações de Mao Tsé-tung com a União Soviética e a vitória sobre Chiang Kai-shek que lhe deu o controle da China em 1949 ainda está para ser contada. Há evidências de que, durante a guerra, tanto os Estados Unidos como a União Soviética o ajudaram para impedir a completa conquista da China pelo Japão. Terminado o conflito armado, no final dos anos 1940 o mundo estava claramente dividido entre países de inspiração democrática, cuja organização econômica se apoiava em mercados descentralizados, e países de inspiração autoritária, cuja organização econômica se inspirava numa espécie de "engenharia social", o planejamento centralizado. Esta última vigorava na União Soviética e passou a vigorar na China, sob o controle soviético, mas as relações entre elas foram se deteriorando a partir de 1956. Houve um rompimento em 1963, quando a "assistência técnica" soviética foi interrompida. Mao prosseguiu com seu voluntarismo até o desastre da Revolução Cultural (1976-9).

Qual foi a reação estratégica dos Estados Unidos para enfrentar a dupla frente de oposição (a União Soviética na Europa e a China no Oriente)? Estimular a rápida e vigorosa expansão da Europa com o Plano Marshall, particularmente da Alemanha Ocidental, dando-lhe uma taxa de câmbio extremamente favorecida (4,2 marcos alemães/dólar) e abrindo-lhe o seu mercado para "segurar" a União Soviética na frente ocidental. Fizeram o mesmo com o Japão, modernizando suas instituições (com respeito à sua tradição), dando-lhe uma taxa de câmbio extremamente favorecida (360 ienes/dólar) e abrindo-lhe o seu mercado para "segurar" a China na frente oriental. A economia centralizada sucumbiu na União Soviética (juntamente com o regime autoritário) com a queda do Muro de Berlim, em 1989. Começou a morrer na China (com a permanência do regime autoritário) nos anos 1970, quando o primeiro-ministro Chu En-Lai (com Mao ainda vivo!) abriu negociações com os Estados Unidos e recuperou o pragmático Deng Xiao Ping.

Em 1972 houve um acontecimento fundamental para a criação do "milagre chinês" que hoje conhecemos. Em Shangai, o presidente Richard Nixon e o primeiro-ministro Chu En-Lai puseram fim a 23 anos de completo isolamento entre os Estados Unidos e a China, num comunicado em que se menciona, de passagem, uma desejada cooperação entre eles em "ciência e tecnologia". As relações diplomáticas só foram restabelecidas em 1979, quando o presidente Jimmy Carter assinou com Deng Xiao Ping o Tratado da Cooperação em Ciência e Tecnologia.

ECONOMIA É COISA SÉRIA

Trinta anos depois o seu resultado é o seguinte:

1. mais de 1 milhão de estudantes chineses fizeram seus cursos nos Estados Unidos, dois terços dos quais sob as condições especiais do tratado, especialmente em ciência e tecnologia;
2. nos anos mais recentes, 40% dos artigos escritos por cientistas chineses em publicações internacionais têm como coautores cientistas americanos;
3. por outro lado, quase 8% dos artigos de cientistas americanos têm como coautores cientistas chineses;
4. em 2004, as empresas americanas instaladas na China aplicaram mais de 600 milhões de dólares em pesquisa e desenvolvimento em laboratórios chineses. E esses investimentos têm crescido continuamente.

O segredo chinês, ou melhor, o "milagre chinês", seguiu os passos dos "milagres" alemão e japonês: 1) capacitação profissional (não necessária nos dois últimos); 2) taxa de câmbio subvalorizada e 3) abertura do mercado dos Estados Unidos. Neste caso houve, ainda, uma completa abertura (as zonas de exportação) ao investimento físico das empresas americanas para produzir na China e vender nos Estados Unidos. Quase dois terços das exportações industriais chinesas são realizados por empresas com algum capital americano. Com isso criou-se o atual mercado interno urbano da China, com sua mão de obra chinesa barata submetida a um regime de capitalismo selvagem que só agora começa a civilizar-se.

O motor de partida desse formidável "milagre" foi o não menos formidável déficit em conta-corrente dos Estados Unidos de 2000 a 2008, registrado na tabela abaixo. A competente administração chinesa soube usar, pragmaticamente, essa oportunidade para realizar seu eterno desejo de expansão, mas sabe, também, que seus interesses estão umbilicalmente ligados aos Estados Unidos.

Soma dos saldos em contas-correntes, 2002-8 (us$ trilhões)	
Estados Unidos	-5,4
Desenvolvidos (s/ Estados Unidos)	+2,7
Emergentes	+3,0

O Brasil beneficiou-se desse movimento, que multiplicou por sete as reservas totais em divisas dos países emergentes que são fonte de financiamento do déficit americano. Entre 2002 e 2008 nossas reservas cresceram cinco vezes: de 40 bilhões para 200 bilhões de dólares (três quartos dos quais aplicados em bônus do Tesouro americano), que eliminaram nosso sufoco externo sem que fizéssemos qualquer esforço exportador significativo.

O euro e a Grécia

Publicado em 16 de março de 2010

O PROBLEMA CRIADO NA Eurolândia pela "descoberta" da fragilidade da economia grega é muito sério. Revela, outra vez: 1) a grave imoralidade ínsita nas políticas econômicas dos países, 2) a eterna disposição do "soberano" de endividar-se irresponsavelmente com a conivência do insopitável desejo de lucro dos agentes financeiros e 3) o destino das agências oficiais de controle dos mecanismos financeiros e das agências privadas de análise de risco de andarem sempre "atrás da curva".

A consolidação da União Europeia é, certamente, o mais relevante evento político do século XXI. Destina-se a trazer a paz definitiva para uma região conflagrada há centenas de anos e que no século XX produziu duas guerras devastadoras. A união econômica dos países é apenas um dos instrumentos para a realização da união política. Suas dificuldades são imensas. São 27 países, dezesseis dos quais já usam a moeda única — o euro. Eles têm línguas diferentes, crenças religiosas diversas, instituições seculares peculiares e ainda populações com séculos de hostilidade. O movimento demográfico acelerado produzido pela União Europeia levanta suspeitas nos países hospedeiros e frequentemente forma enclaves onde os migrantes conservam suas tradições. Primeiro porque é natural que isso lhes dê mais conforto e segundo porque respondem à desconfiança causada por sua taxa de reprodução ser duas ou três vezes superior à dos hospedeiros. Talvez sejam necessárias duas ou três gerações para eliminar essas desconfianças e absorver tais diferenças num convívio harmonioso e tolerante, principalmente com relação às crenças religiosas.

O sucesso do euro é condição necessária e preliminar para a continuidade dessa integração. Não é realista pensar que não pode haver retrocesso. A história revela que uniões monetárias (sem moeda única, uniformização tarifária e câmbio fixo) foram dissolvidas, como por exemplo a União Monetária Latina, criada em 1865 e que terminou no início da Primeira Guerra Mundial.

A criação do euro, em 1º de janeiro de 1999, foi um ato heroico para acelerar a integração política e torná-la praticamente irreversível. Foi também um ato político ousado que deveria dar credibilidade ao euro e sentido ao Banco Central e ao Parlamento europeus. Entre os economistas a criação do euro sempre foi recebida com certa frieza, desconfiança e mesmo com alguma resistência. No momento da sua criação, 155 economistas de língua alemã publicaram um manifesto considerando imprudente e apressada a sua criação. A razão básica é que não estavam convencidos da possibilidade de uma harmonização das políticas fiscais (que depende da vontade e honestidade dos vários governos!) e salariais (que dependem do poder e inteligência dos sindicatos), nem da evolução da produtividade entre os países participantes.

Da mesma forma que a grandeza do objetivo político de reunificar as Alemanhas deixou de lado as objeções dos economistas (que depois se revelaram economicamente corretas), o lançamento do euro tinha um objetivo político de tal dimensão que não poderia ser atrasado por "tecnicalidades econômicas" que afinal se mostraram corretas. Foi um daqueles saltos no escuro que a genialidade e intuição políticas realizam para atingir um fim majestoso que transcende o mísero calculismo economístico!

De qualquer forma, a admissão da Grécia na Eurolândia, em 2001, parece ter sido um ato precipitado. Desde 1998 a sua situação fiscal mostrava que dificilmente ela teria condições de cumprir as metas de

Maastricht: déficit nominal de 3% ao ano e relação dívida bruta/PIB convergindo para 60%.

O gráfico abaixo mostra a dimensão da mistificação fiscal grega (feita com a colaboração dos eternos financiadores do "soberano").

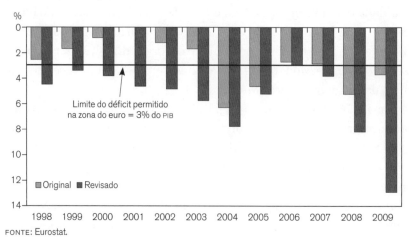

Gráfico 6. Déficit orçamentário da Grécia como % do PIB
FONTE: Eurostat.

Vemos que no ano de admissão o déficit previsto era praticamente nulo. A revisão mostrou que na realidade foi de quase 4,5%.

A Grécia tem uma relação dívida bruta/PIB da ordem de 111,5%. Ameaçava um déficit fiscal da ordem de 12,7% do PIB em 2010 e não tinha certeza de financiar sua dívida. A União Europeia está exigindo um ajuste dramático de 4% do PIB (para 8,7% do PIB) e provas concretas de que não haverá "contabilidade fantasiosa". A resistência alemã à ajuda à Grécia é dramática. Os alemães "se recusam a financiar uma social-democracia que paga mais aos inativos do que paga a quem trabalha"! O pequeno problema, entretanto, é que ela deve mais de 300 bilhões de dólares, 15% dos quais aos bancos alemães...

A China e o mundo

Publicado em 31 de agosto de 2010

A RÁPIDA EVOLUÇÃO DA economia chinesa é, de um lado, objeto de admiração e inveja por parte dos países emergentes e, de outro, motivo de preocupação real e ideológica por parte dos países desenvolvidos (que são o centro do capitalismo financeiro). Estes são sempre apoiados num Estado constitucionalmente limitado. Seus governos são escolhidos periodicamente pelo sufrágio universal em eleições abertas que garantem a competição livre e honesta entre várias organizações partidárias. Neles a própria Constituição impede o "aparelhamento" do Estado pelo partido eventualmente vencedor. Isso é fundamental para garantir a continuidade e legitimidade do jogo eleitoral. Nessas sociedades o "garante" das liberdades individuais é um Supremo Tribunal Federal cujos membros são constitucionalmente blindados contra qualquer pressão, quer do Executivo, quer das "ruas". O Executivo sempre quer mais poder; o clamor popular quer vingança, não justiça.

Antes de prosseguir, um pequeno desvio. Há constituições e constituições! A constituição "democrática" da velha União Soviética, por exemplo, "garantia" a todo cidadão "liberdade de expressão, de imprensa, de reunião e de religião". O pequeno problema é que cada uma dessas palavras tinha significado próprio, definido na Constituição mesma.

ECONOMIA É COISA SÉRIA

Por exemplo, "liberdade de expressão" (e todas as outras "liberdades") era garantida sob uma condição: devia respeitar os "interesses dos trabalhadores de forma a fortalecer o sistema socialista".* Mas quem eram os trabalhadores? Apenas o próprio sr. Stálin, pelo qual o velho Karl paga a conta até hoje! Qualquer semelhança com propostas que recentemente circularam no Brasil não pode ser mera coincidência...

O sucesso da economia chinesa exerce uma atração irresistível para os que veem no seu modelo a possibilidade de fácil replicação, mas desconsideram o contexto em que ele pode realizar-se. Não se pode viver sem um nome. Fala-se, agora, no Consenso de Beijing. À platitude e à ideologia do Consenso de Washington, que iludiu uma geração de economistas com a conversa de "preços no lugar" e não levou a lugar nenhum (como era previsível), o novo Consenso propõe uma equação até aqui não resolvida pela história: combinar por muito tempo o sucesso econômico com a falta de liberdade individual. Os nove membros do Comitê Permanente do Politburo, presidido por Hu Jintao, conhecem bem a história. Tal sistema só funciona enquanto se pode absorver as inovações e as tecnologias desenvolvidas nas economias hoje maduras. A partir daí, a tendência é a volta ao crescimento medíocre e à exacerbação das pressões sociais.

A verdade poucas vezes enfatizada é que o Politburo chinês é tecnicamente competente e tem à sua disposição uma das mais treinadas e diligentes burocracias de quantas existem ou existiram no mundo. Depois da destruição produzida por dois séculos de distúrbios, retornou-se à antiga tradição. Já em 124 a.C. criou-se uma Universidade Imperial para preparar funcionários públicos que são cooptados por concurso público e cuja progressão é estritamente pelo mérito.

O Politburo sabe que para repetir mais 32 anos de crescimento a 11% ao ano precisa alugar, comprar ou conquistar terras e recursos naturais equivalentes a outro território chinês. Está, esperta e calmamente, realizando o seu programa através de empresas estatais (que escondem o Estado soberano). Com isso espera contornar os efeitos dramáticos

---

*   G. Warren Nutter, *The Strange World of Ivan Ivanov*. Nova York: The World Publishing Co., 1969. p. 11.

sobre os preços internacionais de alimentos e recursos naturais que serão produzidos pelo seu próprio crescimento.

Não há nenhuma objeção contra o capital estrangeiro no setor de terras e recursos minerais, desde que realizado através de empresas privadas nacionais mesmo com capital estrangeiro. O que não se pode admitir é vendê-los a Estados soberanos sob o disfarce de empresas estatais, porque isso pode atingir profundamente o interesse nacional e desqualificar os mercados internacionais na formação de preços. Não devemos desperdiçar nossa complementaridade sinérgica com o desenvolvimento chinês, mas não devemos deixar de olhar o futuro.

As decisões do Politburo revelam que ele entende claramente que, sem suprimento externo garantido e a preço controlado, a China provavelmente não poderá repetir mais trinta anos do mesmo crescimento. A conta é simples: se o mundo crescer à taxa de 3% até 2040 e a China reduzir sua taxa para 9%, o PIB chinês (medido em paridade do poder de compra de 2008), que hoje representa 11% do total, representaria 70% em 2040! O resto do mundo teria de diminuir 0,4% ao ano para acomodá-la, o que é improvável economicamente e inaceitável politicamente. Se o resto do mundo crescer à sua taxa histórica (3% ao ano), para acomodar o crescimento da China (que então passaria de 11% para 44% no PIB global) o crescimento do mundo teria que ser da ordem de 4,5%, o que é claramente impossível diante do problema do aquecimento global.

O dilema está posto: se correr o bicho pega, se parar o bicho come! É conveniente, pois, reconsiderar a política laxista que até aqui temos tido com o novo-colonialismo chinês, sem deixar de insistir no comércio. Vamos impedir a compra de recursos naturais pelo Estado soberano chinês e, simultaneamente, aumentar o grau de sofisticação de nossas exportações de alimentos e minérios?

A Eurolândia e o mundo

Publicado em 26 de junho de 2012

A EUROLÂNDIA É SEGURAMENTE a maior construção política do século XXI. Destina-se a trazer a paz perpétua a um continente com mais de mil anos de guerras fratricidas que destruíram milhões de vidas e boa parte das riquezas construídas (trabalho humano congelado em investimentos) nos interregnos. Trata-se de um arranjo tão necessário e tão ambicioso que ignorou os ensinamentos acumulados pela economia nos últimos três séculos.

O grande estadista Helmut Kohl foi o principal construtor da reunificação das duas Alemanhas em 1990 (com a oposição dos melhores economistas da Alemanha Ocidental). Hoje, trinta anos depois e 2 trilhões de euros de transferências, ainda não se completou, sugerindo que, apesar de os economistas terem razão, os políticos têm muito mais. Em 1992 ele se comprometeu com a criação do euro e enfrentou, de novo, a oposição dos economistas alemães. Cento e cinquenta deles publicaram um manifesto criticando a precipitação de se introduzir uma moeda sem um mínimo de centralização fiscal para pôr ordem nas finanças dos participantes da futura federação. Kohl respondeu, de novo, que aquilo não era coisa para economista dar palpite. Jogou fora o "manifesto" e sugeriu que, se houvesse problemas, eles seriam resolvidos "trocando os pneus com o carro andando"...

Hoje, por culpa de sua arrogância cientificista, a profissão está em baixa e desacreditada, mas é bom lembrar que às vezes até os economistas têm razão. O que lhes falta é entender que a política, por sua própria conta e risco, sempre pretere a economia. Depois que a patifaria promovida pelo sistema financeiro internacional ajudado pela desregulação chegou à Eurolândia, ficou claro que a construção do euro tinha mesmo as dificuldades apontadas pelos economistas na sua concepção original.

Após quase cinco anos de sustos, discussões e dificuldades, começa a emergir o fato de que a única solução possível para a sobrevivência do euro é dar-lhe um país. Ele é a única moeda do mundo à qual falta essa característica fundamental. O avanço demanda caminhar e aprofundar as condições para a criação de uma verdadeira federação, o que significa uma união política (praticamente inexistente, apesar do Parlamento Europeu), fiscal (muito tênue, mesmo com as novas condições impostas recentemente: déficits estruturais da ordem de 0,5% do PIB) e bancária (dar ao Banco Central Europeu a regulação efetiva de todo o sistema bancário e torná-lo o emprestador de última instância).

No fundo, a Eurolândia precisa percorrer o caminho das federações bem-sucedidas como os Estados Unidos no século XVIII e o Brasil no século XXI: dar à União o poder fiscal de controlar as unidades federadas, comprar as suas dívidas com um papel federal de maior credibilidade (e logo, taxa de juros menor) e dar-lhes mais tempo para resgatá-las.

Tem havido um grande avanço na direção desse diagnóstico, mas as decisões têm de ser aprovadas pelos Parlamentos de todos os países. Isso exige enorme paciência, que os famosos mercados não têm, porque vivem da volatilidade criada exatamente pela discussão aberta e transparente exigida pelo sistema democrático. O percurso será longo e permeado de "soluços" que criarão instantes passageiros de "distensão" e aumento de "preocupação".

Talvez seja mais fácil entender o processo examinando o gráfico abaixo, onde se mostra a união política, a união fiscal e a união bancária (isto é, um verdadeiro Banco Central). Há pouca diferença entre os atores sobre a necessidade de construí-la. O maior problema parece estar na ordem de preferência de cada ator na sua construção.

O gráfico é a minha leitura, seguramente não a única, nem mesmo a "verdadeira" (se é que isso existe). O presidente da França, François Hollande, sugere que se deveria começar pela união política (o que é compreensível dadas as "promessas" que fez na sua campanha eleitoral) e, em seguida, caminhar para a união bancária (o que se explica pela situação do sistema bancário francês). O Bundesbank (um ator não político, mas constitucionalmente forte na Alemanha) prefere iniciar o processo pela união bancária e prosseguir pela união fiscal (o que está de acordo com sua ideologia). E a chanceler Angela Merkel parece insistir na união fiscal seguida pela união política (o que indica o seu pragmatismo).

Gráfico 7. Solução do problema europeu

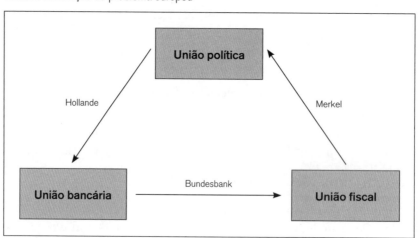

ELABORAÇÃO: Ideias Consultoria.

Um avanço importante nesse diagnóstico é que é preciso separar o crescimento de longo prazo da disciplina fiscal necessária no curto prazo. Esta exige uma maior cooperação fiscal e uma reestruturação da dívida. Fica cada vez mais claro que não adianta "combater os mercados". As exageradas reduções dos déficits fiscais nominais exigidas para 2012 e 2013 não são críveis. Como estamos vendo, produzir o equilíbrio fiscal com pressa cega e a qualquer custo é, de fato, uma receita para o desastre. Para restabelecer a credibilidade dos programas e obter a cooperação dos mercados só existe uma forma: andar adiante da curva.

Seria bom se os políticos ouvissem agora os conselhos dos desmoralizados economistas...

Entre a COP-21 e a *Laudato Si*

Publicado em 8 de dezembro de 2015

POR MAIS PERTURBADORA que seja a nossa desintegração política, consequência da paralisia econômica que nos acometeu no quinquênio 2011-5 — aumento de pouco mais de 5% do PIB, enquanto o mundial cresceu 19% e o dos emergentes (ex-Brasil), 28% —, acompanhada, agora, pela assustadora possibilidade de que estejamos namorando uma dominância fiscal, ela é uma ameaça muito menor para o bem-estar de nossos netos do que o que está acontecendo na COP-21, em Paris, onde estamos representados pela competente ministra Izabella Teixeira.

Depois de longas discussões, iniciadas ainda no século XIX, não há dúvida de que parte muito significativa do atual aquecimento da Terra é consequência da expansão da atividade humana. O seu controle, portanto, envolve a redução do CO_2-eq (os chamados gases do efeito estufa), que são, necessariamente, produzidos de maneira conjunta com a produção de qualquer bem ou serviço que formam o famoso PIB, cuja maximização per capita costuma ser o objetivo do desenvolvimento. O resultado são bens consumíveis que farão a satisfação de alguém, mas deixarão resíduos que voltarão degradados para a natureza e liberarão CO_2-eq. Estes levam muito tempo para se dissipar na atmosfera e nos oceanos. Vão se acumulando e produzindo o aquecimento da Terra. Hoje, se não houver uma cooperação geral, a situação ameaça sair de controle.

A solução, entretanto, esbarra em difíceis problemas éticos e econômicos. Dentre eles se destaca a ambição universal do homem de maximizar a utilidade presente (fruir o máximo de satisfação do acidente de viver uma vida que sabe finita e irrepetível), o que minimiza a sua preocupação com o futuro, porque não vai viver nele... Para o economista, não importa se é da tribo que crê que o desenvolvimento econômico é produto do aumento da oferta (o *mainstream*) ou da procura (keynesiano), cada nova unidade de PIB produzida em qualquer lugar do planeta degrada a natureza e libera, necessariamente, CO_2-eq, que vão esquentar a Terra de todos. Isso significa que o controle tem que ser sobre a produção do PIB global (isto é, a soma de todos os países), o que exige a quantificação da possibilidade de evolução do PIB (logo, do CO_2-eq) de cada um e a avaliação de sua emissão, que varia com o nível do PIB per capita já alcançado e com a tecnologia dominante. Como produzir uma solução "justa" quando se sabe que o CO_2-eq da atmosfera de hoje vem se acumulando há dois séculos pela ação dos países que "chegaram na frente" e têm um PIB per capita múltiplo dos que "estão chegando agora"?

A aldeia global construída pela expansão das comunicações tornou irresistível o desejo de todo cidadão do mundo, do mais pobre vilarejo à maior concentração urbana, de copiar o padrão de vida da mais rica metrópole! Trata-se de um problema político complicado. Como reduzir o crescimento da soma de todos os PIBs com uma condicionalidade ética: fazer com que, num prazo aceitável, todos convirjam para o mesmo PIB per capita? A verdade é que parece haver poucas soluções:

1. prosseguir no desenvolvimento tecnológico que reduz a emissão de CO_2-eq por unidade de PIB, com a substituição da energia fóssil por energias renováveis, o que certamente dependerá do preço relativo entre as duas, que pode ser manipulado pela política fiscal. As soluções das diversas tribos dos economistas talvez sejam diferentes, porque os pós-keynesianos creem menos no "efeito substituição dos preços" do que o *mainstream*;

2. reduzir o ritmo do crescimento global do PIB juntamente com um induzimento, pela educação, da taxa líquida de reprodução feminina nos países mais pobres (o que já está ocorrendo);
3. tentar convencer os consumidores dos países retardatários e os menos afortunados dos ricos a esquecer a sua insistência em imitar o consumo dos países que estão "na frente" e a conformar-se com as indecentes desigualdades de renda e bem-estar dentro e entre eles; ou
4. uma combinação das anteriores.

A questão é que todas as alternativas implicam a transferência de poder dos países que têm renda mais alta para os de menor renda. É aqui que emerge o grande problema moral exigido pela solução "justa". A redução do crescimento do PIB do planeta (a soma dos PIBs de todos os países) precisa ser feita com maior redução do crescimento dos mais desenvolvidos e dos maiores emissores, combinada com um aumento do crescimento dos outros e a simultânea redução da desigualdade entre eles e dentro deles, o que aumentará a emissão de CO_2-eq. É pouco provável, por maiores que forem os esforços e a racionalidade da tecnocracia da COP-21, que ela possa resolver esse problema. O estoque de CO_2-eq que vem se acumulando desde a Revolução Industrial e elevando a temperatura da Terra foi, basicamente, produzido pelos países hoje desenvolvidos. Eles são ainda os grandes emissores (Estados Unidos e Europa Ocidental), agora acompanhados por um agressivo emergente (China) com baixa renda per capita, mas com 1/5 da população do planeta!

O preocupante é que só a razão talvez seja incapaz de afastar a ameaça à sobrevivência desse orgulhoso animal falante que deu a si mesmo o nome de *Sapiens-sapiens*. Talvez seja tarefa para o jesuíta da encíclica *Laudato Si*.

Caiu a ficha

Publicado em 14 de março de 2017

O FUNDO MONETÁRIO Internacional publica, trimestralmente, uma leve e interessante revista, *Finance & Development*. O seu mais recente número, de dezembro de 2016, é dedicado à globalização. É um bálsamo para os que estão inquietos com a extrema separação entre a realidade factual e as "teorias" nas quais não há nem o tempo, nem o espaço, nem gentes, e cujas "comprovações empíricas" deixam muito a desejar.

Num excelente artigo, Sebastian Mallaby historia a globalização e a importância do movimento da mão de obra pelas migrações. Termina com a seguinte afirmação: "O progresso da globalização depende de duas forças: a tecnologia, que facilita as viagens e as comunicações, e a política, que sustenta um mundo aberto".

Numa página, o instigante e provocador Paul Krugman argumenta que

sempre tem havido uma dissonância entre o compromisso retórico dos economistas e das elites a favor do livre-comércio e as mensagens que emergem dos modelos econômicos. Sim, os livros-textos dizem que o comércio internacional faz os países mais ricos e que restringi-lo os fará mais pobres. Mas eles também sugerem que há custos modestos quando as restrições não são extremamente protecionistas, e que o comércio pode ter efeitos

ECONOMIA É COISA SÉRIA

importantes na distribuição de renda dentro das nações, criando perdedores e ganhadores.

E conclui que, "dada essa realidade, é surpreendente que o combate à globalização tenha demorado tanto tempo para se manifestar e que seus efeitos até agora tenham sido tão pequenos".

Maurice Obstfeld, num artigo didático e muito instrutivo sobre as vantagens e os custos da globalização, conclui:

> O consenso político que inspirou o aumento do comércio depois da Segunda Guerra Mundial se dissipará se não houver políticas claras que distribuam os riscos que ela implica. É preciso assegurar maior flexibilidade ao mercado de trabalho; melhorar o funcionamento do sistema financeiro e promover a igualdade na distribuição de renda.

E, finalmente, David Lipton, do FMI, traz a "nova" mensagem: "Agora vemos que política e economia são vias de mão dupla. Temos de enfrentar a complexidade dos riscos políticos".

A pergunta em aberto é quem, afinal, produziu tudo isso? A resposta é simples: foi o incesto entre *"Sapiens economicus"* e o mercado financeiro para livrar-se da regulação rooseveltiana que lhes foi imposta em resposta às patifarias que eles fizeram e que produziram a crise de 1929. Construiu-se, ad hoc, uma "teoria" segundo a qual os mercados financeiros eram não apenas "perfeitos", mas possuídos pelo "imperativo categórico" de Kant. Argumento: a regulação financeira era muito forte, comprometia a eficiência do sistema financeiro e constrangia o desenvolvimento econômico, o que era apenas meia verdade.

Meio século depois, em 1982, era claro que ela precisava de uma revisão. Mas o que se viu foi a volta à escola risonha e franca, graças à tal "teoria" que não tinha e não tem qualquer base empírica. E o que resultou disso? Depois de trinta anos da mais absoluta liberdade, sustentada pela "ilusão teórica", o sistema financeiro voltou ao local do crime! Quem leu o Relatório Pécora, promovido pelo Congresso dos Estados Unidos nos anos 1930, ficará surpreso ao ver que as práticas de 2007 repetiram as de 1929, com a única diferença de que seus au-

194

UM OLHAR PARA O MUNDO

tores saíram ilesos. Eles adquiriram musculatura à custa do poder que conseguiram com a captura do setor real da economia. Hoje, dominam o Congresso dos Estados Unidos e são uma ameaça para a democracia.

Suspeito que o efeito colateral do controle financeiro sobre o setor real da economia é o principal responsável pelo "curto-prazismo" que impôs às empresas uma regra simples: primeiro os nossos dividendos (que é como sacam seus lucros) e, depois, se sobrar, o investimento produtivo. A velha ideia de que um setor financeiro eficiente é capaz de coordenar as poupanças e dirigi-las aos investimentos em bens de capital continua válida. O problema é que, para boa parte do mercado financeiro de hoje, ele é apenas um jogo que usa as poupanças em "fundos" (cuja comissão os enriquece) para mantê-las num estado vaporoso em lugar de dirigi-las para a expansão do investimento em fatores de produção.

Os primeiros atos do presidente Trump mostraram que está disposto a acabar com a Lei Dodd-Frank de Obama, que contém mesmo alguns excessos regulatórios. É preciso lembrar que Trump é parte (até então olhado com desprezo por seus pares) do mesmo esquema financeiro que a partir do presidente Ronald Reagan (1982) se apropriou da economia real americana e que é simbolizado por Wall Street. Examinada de perto, toda essa falsa riqueza representada em papéis e derivativos de toda ordem tem, na sua origem, só uma coisa sólida, um parafuso real! Para entender o sentido da desregulação proposta por Trump, basta ver quem escolheu para seu secretário do Tesouro: o sr. Steven Mnuchin.

No fundo, bem no fundo, a desregulamentação geral será a continuação da construção de um imenso esquema Ponzi que, quando for revelado, poderá levar consigo a economia de mercado e a democracia...

Trump e a história americana

Publicado em 21 de março de 2017

ESTAMOS TODOS PROFUNDAMENTE impressionados pelas propostas isolacionistas que evolvem o governo americano neste momento de graves indefinições, as quais ameaçam ao mesmo tempo a ordem mundial e a democracia. Mas não devíamos. Trump talvez seja menos maluco do que finge ser! A história dos Estados Unidos mostra que a arrogância, o desprezo e a falta de solidariedade da maioria da nação americana com relação ao resto do mundo são algo profundo. Repete-se quando, com razão ou sem ela, as suas dificuldades podem ser atribuídas ao seu contato com as sociedades que ela supõe menos virtuosas.

Para entender esse fato basta olhar para o comportamento dos Estados Unidos depois da vitória na Primeira Grande Guerra, da qual emergiram como o credor "universal". Na famosa Conferência de Paz de Paris, em 1919, o presidente dos Estados Unidos, o democrata Woodrow Wilson, juntamente com os primeiros-ministros da França (Georges Clemenceau) e da Inglaterra (David Lloyd George) e mais uma dezena de líderes mundiais, trabalhou durante meses para determinar quais "reparações" seriam exigidas dos vencidos e como reorganizariam o seu espaço geográfico. Por sugestão e pressão de Woodrow Wilson, foi criada a Liga das Nações, destinada a terminar com as guerras e garantir a "segurança coletiva". Uma organização que, pela força conjunta dos seus membros, puniria com a exclusão imediata da comunidade internacional (proibindo toda a importação dela e toda a exportação para ela), ou, se necessário com a força, um agressor que violasse a integridade de qualquer outro membro.

O resultado não poderia ser mais trágico. Como Keynes apontou em *As consequências econômicas da paz* (1920), as "reparações" impediram a reconstrução da Alemanha, logo depois envolvida numa voragem inflacionária que preparou a chegada de Hitler, ou seja, preparou a Segunda Guerra Mundial! Wilson voltou aos Estados Unidos e gastou o resto do seu mandato tentado convencer o Senado a autorizar o governo americano a participar da Liga das Nações. Não foi ouvido e terminou desmoralizado. Seu sucessor, Warren Harding, um republicano, que morreu no final do seu mandato, sob a influência do setor privado americano — temeroso de que a Liga das Nações pudesse diminuir a hegemonia que havia adquirido com a vitória na guerra —, fez sua campanha criticando a entrada dos Estados Unidos na Liga.

A história da Liga das Nações é uma saga que revela bem o papel da *realpolitik* que controla as nações, com idas e vindas de países oportunistas. Como a sua sucessora, a onu, criada depois da Segunda Guerra Mundial, revelou-se absolutamente impotente para manter a "segurança coletiva": trata-se de um custoso clube onde diplomatas fazem discursos sem consequências... As grandes potências que têm poder de veto fingem aceitá-la porque ela é ineficaz e inofensiva. Hoje ela está tão desmoralizada quanto a Liga das Nações, que, sob o comando da França e da Inglaterra, viu o Japão invadir a Manchúria em 1931 e a Itália anexar a Abissínia sem qualquer reação...

Para se ter uma ideia do isolacionismo americano estimulado por Harding (e confirmado por seu sucessor, John Coolidge, outro republicano e também inimigo da Liga das Nações), é preciso reconhecer que desde sua posse, em 1921, os republicanos, que depois da guerra sentiram a competitividade dos Estados Unidos diminuir, exigiram políticas protecionistas. Não foi por outro motivo que em 1922 o Congresso aprovou o Fordney-McCumber Tariff Act, que simplesmente dobrou a tarifa média dos Estados Unidos.

ECONOMIA É COISA SÉRIA

E há mais. Em 1924, já sob a presidência de Coolidge, o Congresso americano aprovou o Immigration Act, que inaugurou o controle por cotas da imigração para os Estados Unidos. Limitou-se a imigração de qualquer país a 2% do número de descendentes de imigrantes da mesma nacionalidade residentes nos Estados Unidos em 1890! A ideia, provavelmente, era que, assim, a composição étnica dos Estados Unidos se manteria relativamente estável.

É interessante saber por que 1890, quando os Estados Unidos tinham uma população de 63 milhões, que em 1920 atingiu 106 milhões (um crescimento de pouco mais do que 1,7% ao ano). Em 1890 a população de estrangeiros era 13% do total, a mesma que em 1920. O que as distinguia era a profunda mudança nas nacionalidades dos imigrantes. Isso exprime, mais do que mil palavras, o viés étnico que dominou Harding e Coolidge, reforçado agora por Trump. A restrição não é contra qualquer imigrante, mas contra particulares imigrantes!

Em 1929, tomou posse Herbert Hoover, com o qual se completaram treze anos de domínio do Partido Republicano, que terminaram no isolacionismo e na tragédia de 1929, enfrentada, depois, por Franklin Roosevelt, um democrata, mas isso já é outra história. Essa pequena excursão à essência do pensamento republicano faz parecer menos idiossincrático o estranho comportamento do presidente Trump. Ele talvez responda a um profundo sentimento de parte da nação americana, que sempre pensou "Somos tão bons que é melhor andarmos sozinhos do que mal acompanhados"...

TIPOLOGIA Miller e Akzidenz
DIAGRAMAÇÃO Osmane Garcia Filho
PAPEL Pólen Soft, Suzano S.A.
IMPRESSÃO Gráfica Paym, janeiro de 2021

A marca FSC® é a garantia de que a madeira utilizada na fabricação do papel deste livro provém de florestas que foram gerenciadas de maneira ambientalmente correta, socialmente justa e economicamente viável, além de outras fontes de origem controlada.